日本的滑落

下流国家

[日] 三浦展 著

杨雅虹 译

人民东方出版传媒
People's Oriental Publishing & Media

东方出版社
The Oriental Press

图字：01-2023-4875 号

《DAI KARYU KOKKA》
© Atsushi Miura 2021
All rights reserved.
Original Japanese edition published by Kobunsha Co. , Ltd.
Publishing rights for Simplified Chinese character arranged with Kobunsha Co. , Ltd.
through Kodansha Beijing Culture Co. , Ltd. Beijing

图书在版编目（CIP）数据

日本的滑落／（日）三浦展 著；杨雅虹 译. —北京：东方出版社，2024. 5
ISBN 978-7-5207-3733-3

Ⅰ . ①日… Ⅱ . ①三… ②杨… Ⅲ . ①经济—研究—日本 Ⅳ . ①F131. 3

中国国家版本馆 CIP 数据核字（2023）第 212835 号

日本的滑落
（RIBEN DE HUALUO）

作　　者：[日] 三浦展
译　　者：杨雅虹
策划编辑：袁　园
责任编辑：李　烨
责任审校：金学勇　赵鹏丽
出　　版：东方出版社
发　　行：人民东方出版传媒有限公司
地　　址：北京市东城区朝阳门内大街 166 号
邮　　编：100010
印　　刷：北京汇瑞嘉合文化发展有限公司
版　　次：2024 年 5 月第 1 版
印　　次：2024 年 5 月第 1 次印刷
开　　本：880 毫米×1230 毫米 1/32
印　　张：7.25
字　　数：160 千字
书　　号：ISBN 978-7-5207-3733-3
定　　价：65.00 元
发行电话：(010) 85924663　85924644　85924641

原本日本人就没有理想，顺从强者，把轻松放在每一天、放在第一位。

——永井荷风《断肠亭日乘》（1941 年 6 月 15 日）

目　录

第四章

由实为何哭泣
——泡沫世代下流中年与安倍政权

第五章

年轻人为何聚集东京或移居地方

第一章 | 繁华没落的日本

1-1　62%的人认为日本的繁荣已经结束

索尼是中国品牌还是韩国品牌

据说有人在非洲的某个国家使用索尼手机时，当地的小孩看到手机的标志后问他："索尼是中国品牌还是韩国品牌?"（《日本经济新闻》2021年3月3日，编辑委员北川和德的专栏《森氏的失言与日本的停滞》）似乎日本曾经的繁华正在不断没落。

中国已经超越日本成为世界第二大经济体，中日之间的差距也在不断扩大。曾经的发展中国家不断实现经济增长，与此同时，日本企业的存在感却以超出日本人想象的速度衰减（图1-1）。

"不，中国的出生率也开始下降了，老龄化也在加剧，年轻人也面临着较大的压力。"最近这样的论调越来越多，但是我想，当中国出现衰退迹象的时候，日本恐怕已经彻底没落了吧。

如此看来，现在和不远的将来，日本的经济水准和竞争力的低下是显而易见的。

在我为写作本书而进行的"日本人的意识和价值观调查"（下流社

（100万美元）

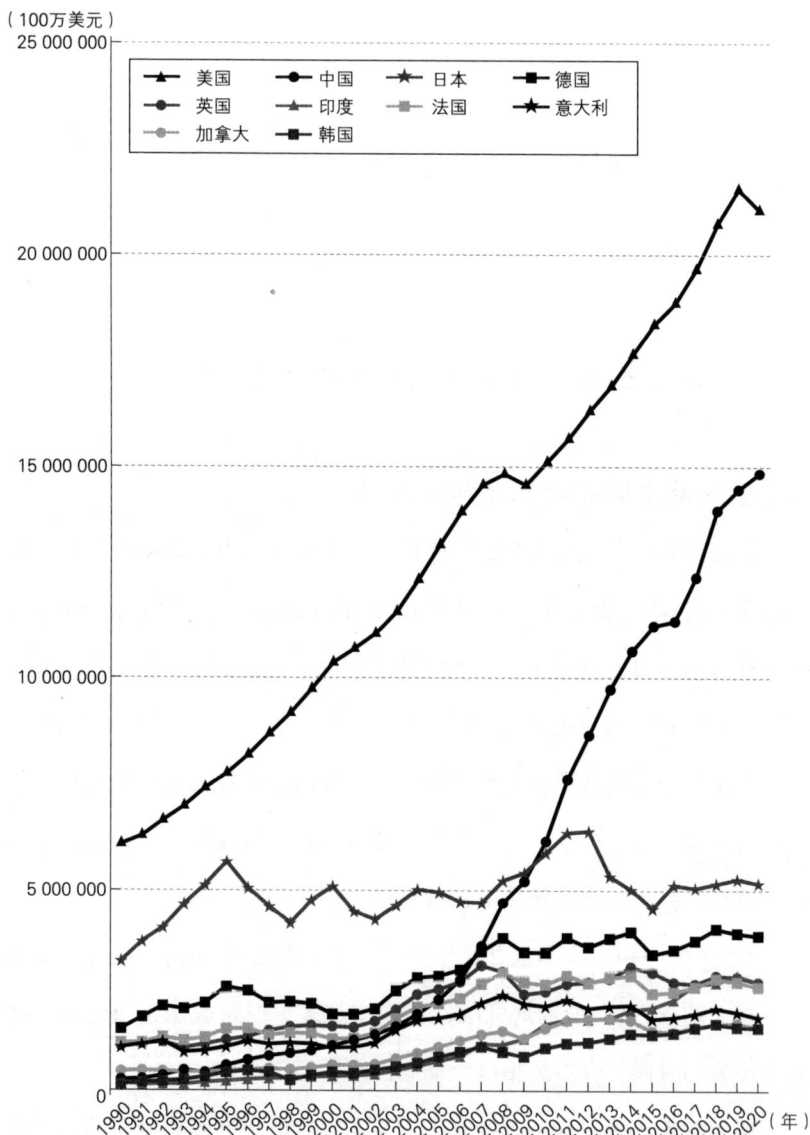

出处：国际货币基金组织（IMF）。

图1-1　主要国家名义 GDP 的变化

会 15 年后研究会，2020 年 11 月，调查概要刊登在文末）中，调查对象
对于"日本的繁荣能持续到何时？"这个问题的回答情况如下：

从整体来看：

　　　　繁荣时代已经结束……62%

　　　　会持续到 2030 年……12%

　　　　会持续到 2040 年……7%

　　　　会持续到 2050 年……3%

　　　　会持续更长时间……16%

由此可见，多数日本国民认为日本的繁荣已经终结（图 1-2）。

调查结果并没有显示出明显的性别差异，从年龄层来看，25—34 岁
的年轻群体中认为"日本的繁荣已经结束"的占 54%，相对较少。年轻
人对日本的将来仍然充满期待，这也是可以理解的。但即便如此，他们
仍然认为在自己四五十岁时，日本的繁荣就会结束。另外，调查也显示
出：年收入越高的人群会有认为繁荣时期更长的倾向，但并不是十分显
著。从工作形式来看，公务员认为繁荣时期能够长期持续的倾向更强。

从学历方面来看，调查结果并没有明显的差异。但是具有上位大学
（所有四年制大学中排名前 1/3 的大学）① 以上学历的女性中认为"日

① 如果将大学分为上位、中位、下位三个等级，那么你毕业的大学属于哪
一级？由受访者自己做出回答。（译者注：对于大学的分级并没有客观标准，完
全由受访者自己主观判断。）

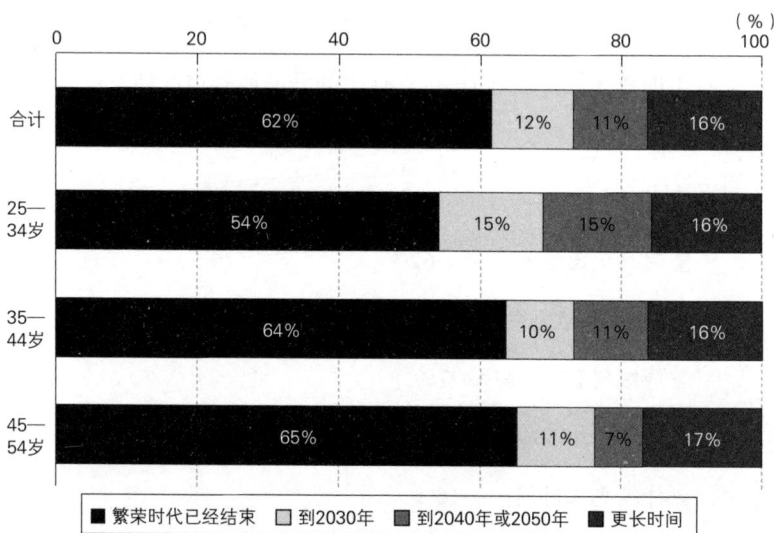

注：图中将"到2040年"和"到2050年"统计在一起。
出处：下流社会15年后研究会"日本人的意识和价值观调查"（2020）。

图 1-2 "日本的繁荣能持续到何时？"不同年龄层回答

本的繁荣已经结束"的占70%，这与同等学历的男性中60%的占比在数字上有较大差异。70%这一比例同其他类别统计的结果相比也是较高的。这可能是因为高学历女性对于即使拥有高学历，女性地位依然很低的日本已经失望。这也说明了学历越高的女性，越容易放弃日本移居海外。

从不同的阶层意识来看，上层群体中有53%认为"日本的繁荣已经结束"，相对较少。而下层与"不确定自身阶层"的群体这一比例达到了72%之多。

另外，自民党的支持者中认为"日本的繁荣已经结束"的人数所占的比例明显较少。下文中将会提到，对安倍政权评价高的群体认为"日本的繁荣已经结束"的比例明显较少，但这一比例依然不及自民党的支持者。自民党的支持者仿佛是"经济增长教派"或"繁荣永存教派"的宗教信徒。

相反，不支持自民党的群体中有82%认为"日本的繁荣已经结束"，在对安倍政权评价低的群体中，这一比例达到了90%，这个数据也相当令人悲观了（表1-1）。

2100年日本人口约居全世界第50位前后

日本民众悲观的主要原因是人口减少（表1-2）。根据联合国的统计，到2100年，全世界人口最多的国家不再是中国而是印度。排在第三位的是尼日利亚，第四位是美国。美国已经开始出现人口减少的趋势，届时将不足4.3亿人。第五位之后依次是：巴基斯坦、刚果（金）、印度尼西亚、埃塞俄比亚、坦桑尼亚、埃及、安哥拉、巴西、尼日尔、孟加拉国、菲律宾、苏丹、墨西哥、乌干达、俄罗斯、肯尼亚等。届时肯尼亚的人口将会达到1.2542亿人，与现在的日本人口相同。21世纪将会是非洲人口剧增的世纪，到2100年，仅非洲人口就会达到38亿。

到2100年，日本的人口将会排在世界第36位，位于索马里之后。联合国的推算比日本国立社会保障·人口问题研究所（简称：社人研）的推算还要乐观一点。根据社人研在2019年的推算，到2100年日本的总人口为5972万人，这个数字将排在全世界第44位，次于乍得和塞内加尔。

表1-1 "日本的繁荣能持续到何时"不同属性类别的回答

全体		人数	繁荣时代已经结束	会持续到2030年	会持续到2040年或2050年	会持续更长时间
		2523	62%	12%	11%	16%
性别	男性	1282	60%	13%	11%	16%
	女性	1241	63%	10%	10%	17%
年龄段	25—34岁	714	54%	15%	15%	16%
	35—44岁	860	64%	10%	10%	16%
	45—54岁	949	65%	11%	7%	17%
收入水平	不足200万日元	1006	64%	10%	10%	17%
	200万—400万日元	580	63%	12%	11%	15%
	400万—600万日元	433	58%	13%	14%	16%
	600万日元以上	376	55%	17%	10%	17%
就业形态	正规雇用	1079	60%	14%	11%	15%
	打工/派遣	394	61%	11%	10%	18%
	公司代表/董事/自营业	122	66%	11%	7%	17%
	公务员	112	48%	17%	20%	15%
	业务委托/合同工	80	68%	5%	11%	16%
	自由职业及其他	85	69%	9%	4%	18%
学历水平	上位大学以上	519	60%	13%	14%	13%
	上位大学以上（女）	187	70%	8%	12%	10%
	中位大学	574	60%	13%	12%	14%
	下位大学/短期大学/职业学校	752	63%	11%	8%	18%
	高中及以下	678	63%	9%	9%	18%
阶层意识	上	383	53%	14%	15%	18%
	中	1002	57%	13%	11%	18%
	中下	744	66%	11%	9%	14%
	下	271	72%	7%	7%	13%
	不明	123	72%	8%	5%	15%
支持政党	支持自民党	723	45%	16%	17%	23%
	无党派人士	1396	64%	11%	8%	16%
	不支持自民党	404	82%	7%	6%	4%

注："持续到2040年"和"持续到2050年"的回答合并成一项。

出处：下流社会15年后研究会"日本人的意识与价值观调查"（2020）。

表1-2 世界人口预测（2020年·2060年·2100年）

2020			2060			2100		
1位	中国	1,439,324	1位	印度	1,651,019	1位	印度	1,447,026
2位	印度	1,380,004	2位	中国	1,333,031	2位	中国	1,064,993
3位	美国	331,003	3位	尼日利亚	476,130	3位	尼日利亚	732,942
4位	印度尼西亚	273,524	4位	美国	391,495	4位	美国	433,854
5位	巴基斯坦	220,892	5位	巴基斯坦	366,792	5位	巴基斯坦	403,103
6位	巴西	212,559	6位	印度尼西亚	336,444	6位	刚果（金）	362,031
7位	尼日利亚	206,140	7位	刚果（金）	234,146	7位	印度尼西亚	320,782
8位	孟加拉国	164,689	8位	埃塞俄比亚	232,994	8位	埃塞俄比亚	294,393
9位	俄罗斯联邦	145,934	9位	巴西	224,412	9位	坦桑尼亚	285,652
10位	墨西哥	128,933	10位	孟加拉国	191,443	10位	埃及	224,735
11位	日本	126,476	11位	埃及	177,538	11位	安哥拉	188,283
12位	日本（社人研）	125,325	12位	坦桑尼亚	158,869	12位	巴西	180,683
13位	埃塞俄比亚	114,964	13位	墨西哥	157,156	13位	尼尔	164,947
14位	菲律宾	109,581	14位	菲律宾	150,220	14位	孟加拉国	151,393
15位	埃及	102,334	15位	俄罗斯联邦	132,692	15位	菲律宾	146,327
16位	越南	97,339	16位	越南	109,363	16位	苏丹	142,342
17位	刚果（金）	89,561	17位	伊朗	105,213	17位	墨西哥	141,510
18位	土耳其	84,339	18位	乌干达	103,520	18位	乌干达	136,785
19位	伊朗	83,993	19位	肯尼亚	102,398	19位	俄罗斯联邦	126,143
20位	德国	83,784	20位	日本	98,326	20位	肯尼亚	125,424
21位	泰国	69,800	21位	土耳其	97,941	21位	莫桑比克	123,647
22位	英国	67,886	22位	安哥拉	97,343	22位	伊拉克	107,711
23位	法国	65,274	23位	苏丹	94,749	23位	马达加斯加	99,957
24位	意大利	60,462	24位	日本（社人研）	92,840	24位	伊朗	98,588
25位	坦桑尼亚	59,734	25位	尼日尔	84,726	25位	越南	97,437
26位	南非	59,309	26位	伊拉克	80,712	26位	科特迪瓦	96,633
27位	缅甸	54,410	27位	莫桑比克	78,358	27位	喀麦隆	90,225
28位	肯尼亚	53,771	28位	南非	78,172	28位	土耳其	86,170
29位	韩国	51,269	29位	德国	77,962	29位	布基纳法索	83,194
30位	哥伦比亚	50,883	30位	英国	75,060	30位	赞比亚	81,546
31位	西班牙	46,755	31位	阿富汗	70,845	31位	马里	80,383
32位	乌干达	45,741	32位	法国	67,083	32位	南非	79,191
33位	阿根廷	45,196	33位	阿尔及利亚	64,979	33位	加纳	79,011
34位	阿尔及利亚	43,851	34位	马达加斯加	64,059	34位	英国	78,053
35位	苏丹	43,849	35位	缅甸	62,157	35位	索马里	75,716
36位	乌克兰	43,734	36位	泰国	61,692	36位	日本	74,959
37位	伊拉克	40,223	37位	科特迪瓦	60,924	37位	阿富汗	74,938
38位	阿富汗	38,928	38位	喀麦隆	59,427	38位	德国	74,741
39位	波兰	37,847	39位	加纳	58,880	39位	阿尔及利亚	70,705
40位	加拿大	37,742	40位	阿根廷	56,709	40位	马拉维	66,559
41位	摩洛哥	36,911	41位	哥伦比亚	55,408	41位	法国	65,498
42位	沙特阿拉伯	34,814	42位	马里	52,430	42位	塞内加尔	63,515
43位	乌兹别克斯坦	33,469	43位	布基纳法索	52,152	43位	乍得	61,850
44位	秘鲁	32,972	44位	也门	52,063	44位	日本（社人研）	59,718

出处：联合国人口预测（2019年），其中添加了社人研推算（2019）。

根据社人研的数据，2020 年，排在第 44 位的是秘鲁，排在第 36 位的是乌克兰。就人口规模而言，2100 年日本人口将下降到与这些国家相同的位次。那么日本是否还能维持全世界第三的 GDP 排名呢？虽然人口并不是决定经济实力的唯一因素，但就我个人而言，实在无法想象排在世界第 36 位或 44 位的人口能实现第五名或第六名的经济排名。

目前日本 65 岁以上老年人占总人口的 27%。而 2060 年以后日本 65 岁以上老年人口占比将达到 37%—38%，仅 75 岁以上老年人就占 25%。届时仅 75 岁以上老年人就能达到与现在 65 岁以上老年人口同等的比例。

社人研的统计是在 2019 年进行的。如果根据 2012 年的推算，人口的减少会更加迅速，到 2100 年仅为 4286 万人。老年人口的比例也更多，到 2100 年约为 41%，75 岁以上老年人口占比 27%。与 2012 年的推算相比，2019 年的推算似乎太过乐观。

在 2012 年的统计中，进行了如下假设："从总和生育率为 1.39 的 2010 年到 2014 年间，除 2012 年的 1.37 外，都按照 1.39 进行了推算。那么到 2024 年将下降为 1.33，之后稍有上涨，2030 年到达 1.34，以此推算，到 2060 年总和生育率将达到 1.35。"

但是社人研在 2019 年的统计中，对从 2015 年至 2065 年的总和生育率的假设变为从 1.43 推移至 1.45。虽然是根据统计之前的实际总和生育率进行的推算，但是与 2012 年的推算相比十分笼统。

日本前首相安倍晋三于 2015 年 4 月在国会上提到人口减少到 1 亿后会维持在 1 亿的水平。因此我怀疑，社人研大概是碍于首相的发言将统计笼统化了。2012 年的统计是基于 2010 年的国势调查推算的，而基于 2015 年的国势调查统计的结果为何在 4 年后的 2019 年才发表呢？恐怕也是这个原因吧（安倍前首相在当时的国会上也提出 GDP 达到 600 兆日元的目标，实际上 2020 年度的 GDP 约为 508 兆日元）。

日本将会变成盛产美酒的观光地

实际上 2018 年的总和生育率已经下降到 1.42，并且在 2019 年新冠病毒疫情暴发之前快速下降到 1.36。2020 年由于新冠病毒疫情的影响出生人数减少，出生率也进一步下降。由此看来，2019 年的推算不得不尽早进行修正了。

假设在 2012 年做出的到 2100 年日本人口仅为 4286 万人的推算是正确的，那么届时日本人口排名将位居全球第 55 位，而 2020 年的第 55 位为科特迪瓦。如果根据联合国的推算排在第 44 位，那么可以比较一下，在 2020 年排在第 44 位的是乌兹别克斯坦之后的秘鲁，而到 2060 年排在第 44 位的则是布基纳法索①之后的也门。

我在 30 多年前就认为，日本会成为下一个葡萄牙。大航海时代曾经称霸世界的强国之一的葡萄牙在 2020 年人口也才 1020 万，排在世界

---

① 我之前并不知道有布基纳法索这个国家。读了四方田犬彦的书（《凝视世界的凋落——2011—2020 编年史》，集英社新书），我才知道这是位于撒哈拉沙漠南端的热带国家。既然说到四方田，就不得不提电影。据四方田所说，布基纳法索在 1960 年独立之后（独立前的国名为上沃尔特）一直在举办泛非电影节。并且根据联合国预测在 2100 年人口排名将达到全球第 3 位的尼日利亚在一年内就制作了近 2000 部电影，电影产量制霸全非洲。

第 93 位。尽管如此，全世界依然有很多想去葡萄牙旅游的人。对他们来说，在葡萄牙悠闲地感受时间的流逝是很有魅力的。现在的葡萄牙主要依靠游客和波特酒来创收。

但是据说很多波特酒的酿造企业都被外资收购了。日本的酒窖今后大概也会不断被外资收购，股份公司化的农业中也会有外资的参与。在日本国内需求持续减少的情况下，这是必然的趋势。

日本是否也会变成靠美酒和观光取胜的国家呢？还是会变成像意大利一样靠美食和设计取胜的国家？或是变成机器人和 AI，以及医疗技术最先进的国家呢？无论如何，日本要想在先进技术的竞争中一直保持在顶端水平恐怕是非常困难的。

虽然日本不会舍弃先进技术，但我认为美食与观光、设计的国家文化会更加丰富。然而本土企业被外资收购确实会有很多隐患，日本应该怎么办呢？

"失落的十年"已经过去了20年

现在的日本不仅人口规模在缩小，而且在各种各样的社会指标上世界地位也在下降。这是众所周知的，所以在这里仅做简单说明。

例如，学术论文数量正在减少。根据 2018 年 1 月对各国科学技术能力进行分析的美国国家科学基金会（National Science Foundation, NSF）发表的报告书《科学与工程指标》（*Science and Engineering Indicators* 2018，根据 2016 年实际业绩汇总），中国的科学技术论文发表数量首次超过美国跃居世界首位。

论文数量排名第一位的是中国，第二位美国，第三位印度，第四位德国，第五位英国，第六位日本，第七位法国，第八位意大利，第九位韩国，第十位俄罗斯。日本从 2016 年的排名第三位下降到第六位。而在自然科学方面，全世界自 2000 年以来，学术论文数量没有增长的只有日本。以科学技术立国的日本的研究能力低下实在令人担忧。

离开日本到海外留学的留学生人数也在减少。1994 年日本留学生人数约为 82945 人，而到 2018 年仅为 58720 人（根据经合组织、联合国教科文组织、美国国际教育研究所等 2018 年统计）。

另外，从美国的外国留学生获得博士学位的情况来看，来自中国的博士学位获得者在 2017 年为 5564 人，在所有国家留学生中人数最多，增长显著。其次为印度 1974 人。与之相比，日本在 2007 年的高峰时期之后大幅减少，2017 年获得博士学位的留学生人数仅为 117 人（图1-3）。

在性别方面的发展也明显迟缓。根据显示男女平等指标的性别差距指数来看，日本位于第 121 位（2020 年）。与 2006 年时的第 80 位相比，不仅没有进步，反而退步了。

除此之外，在联合国的幸福度调查中日本排名第 56 位。

在国际记者 NGO（无国界记者团）发表的"世界报道自由度排名"2021 年版中，日本在 180 个国家中排名第 67 位，德国排在第 13 位，加拿大第 14 位，英国第 33 位，法国第 34 位，意大利第 41 位，美国第 44 位，韩国第 42 位，中国台湾第 43 位，中国香港第 80 位。而且，人们普遍认为日本报道的自由度在第二次安倍政权成立的 2013 年以后急剧下降。

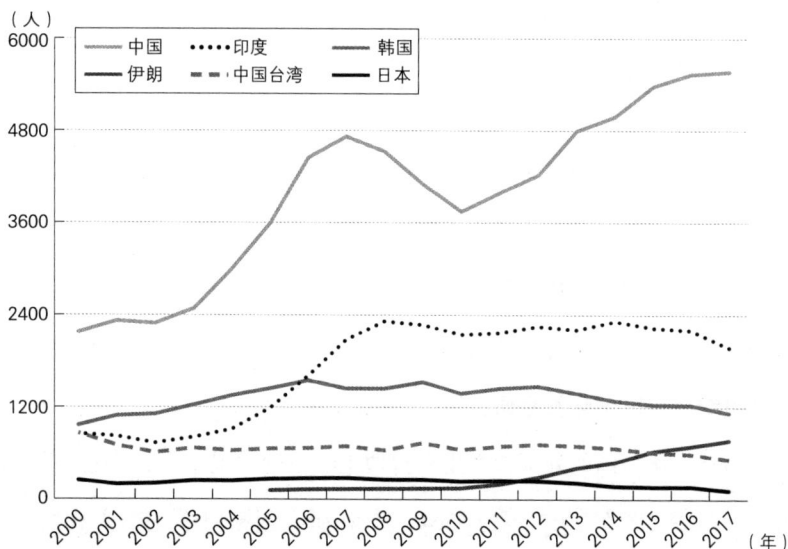

出处：美国国家科学基金会（NSF）：《美国博士学位统计报告》。

图 1-3　在美国取得博士学位的不同国家地区外国留学生人数

北欧诸国虽然 GDP 较低，但性别歧视问题较少（芬兰的首相是 36 岁的女性！），幸福度也更高。日本是否应该以这些国家为目标呢？现在看来政府和财界似乎并没有这个打算。

日本儿童的学习能力也令人担忧。经合组织（OECD）2021 年的学习达成度调查（PISA）结果显示，日本学生的数学能力排名第六位，科学能力排名第五位，阅读能力排名第十位。而在各方面排名第一的都是中国。

正因为日本人口在减少，才必须成为以质取胜的国家。然而，大学升学考试应该如何做、英语教育应该从几岁开始等，这些争论要持续到什么时候呢？富裕阶层很早就开始让孩子去上英语补习班，中学之后送孩子去海外留学。他们这么做正是为了让孩子在日本没落后依然能够生存下去。

即便不是富裕阶层，也有一些年轻人能够从高中直接升入美国的大学。现在的日本年轻人中不乏像大谷翔平一样，从小就认为自己将来人生的舞台不是在日本的人。

我最近认识了一位 30 岁的男性，他在小学一年级的时候第一次在电视上听到了"失去的十年"这个词。仔细想一想，在这失去的三十年间，一名婴儿已经足以长成一个 30 岁的成年人了。

1-2 消费差距：资生堂、丰田、花王等的变化

资生堂 TUBAKI 停产

大多数的国民认为日本的繁荣时代已经结束，或者最多再持续 10—20 年。日本整体正在向"下流"发展。曾经是经济大国的日本正在沦为"大下流国家"。

在拙作《下流社会》出版的 2005 年以后，日本的下流化是否加剧了呢?《下流社会》的市场关注点在于，面向中流的商品滞销，而面向上流和下流的商品却在畅销。特别要说的是，如果不以上流为核心目标，销售额就会减少，就无法获得利润。

2005 年刚好是丰田要把塞利西欧转换为雷克萨斯，同时开始销售轻型汽车的时期。因此，在《下流社会》初版的腰封上写着"总有一天要开上皇冠每天去逛百元店"。

2021 年，资生堂决定将其旗下洗发水品牌 TSUBAKI、UNO 等个人护理相关产品业务卖给外资。据说是因为面向一般大众的洗发水价格竞争激烈难以产生利润，今后要将精力倾注在高级商品上。TSUBAKI 的销售额约为 1000 亿日元，占资生堂集团总销售额的 9%。而肌肤之钥等高级产品的销售额高达 5200 亿日元，占总销售额的 46%。股票市场对这一新闻反应良好，在消息发布的次日，资生堂的股价上涨了 5%—6%。

当 TSUBAKI 等商品成为药妆店的核心产品时，其实际价值就会越来越低。面向中流的商品逐渐成为面向"正在下流化的"中流的商品。

那么是否所有洗发水产品都出现了低价格趋势呢？事实并非如此，近年来植物系列品牌 BOTANIST 等单品售价在 1400 日元以上的高品质商品广受好评，占领了洗发水市场约 20% 的份额。而价格不足 800 日元的大众护理商品的市场份额从 80% 下降到 50% 左右。花王、狮王等大品牌也纷纷开始效仿这些植物护理品牌，哪怕仅仅是包装也要尽量做得靠近植物系列商品。

例如，美容院使用的洗护产品玫丽盼（Milbon）就是定位于天然植物系的品牌，它旗下的高价位护发产品近年来广受客户喜爱。玫丽盼歌蕊缇洗发香波 500ml 的售价为 3520 日元，而 Aujua Immurise 洗发水 500ml 的售价高达 8000 日元。这些高价位产品使得公司业绩激增。从 1996 年到 2020 年，销售额增长了 5 倍，盈利增长了 8.5 倍。股价也从 2008 年 2 月的 1770 日元增长到 2021 年 2 月的 7080 日元。

2006 年一年中，我做了近一百次关于"下流社会"的演讲。当时，我也受到玫丽盼公司的邀请，在该公司的东京、大阪等地的总部为他们的顾客做了很多次演讲，并有幸拜读了该公司制作的市场资料，制作水准非常高。虽然玫丽盼并不是资生堂那样的大企业，但是能制做出如此翔实的资料，实在令人佩服。我想他们正是因为如此地专业、认真，才有了现在的成就。

日常食品的差距也在扩大

众所周知，就连面包也开始变高级了。普通超市的面包大约 100 日元。然而现在无论在哪个城市都会有一两家售价在 300—400 多日元的面包店，并且到处都排着长队。

虽然我们并没有高级面包的销量数据，但是日经新闻曾对实际消费支出的增长和面包支出的增长进行了比较。结果显示，整体消费支出自 2015 年以来出现了负增长，而面包的消费支出却增长了 105%—110%。可见面包正在呈现高价格化趋势（2018 年 7 月 4 日）。一方面面包的消费量在增加，另一方面面包的高价格化也是毋庸置疑的。

东京地铁日比谷线广尾站附近有一家来自法国普罗旺斯的蛋糕店 JOUVAUD 一号店。这是井村屋株式会社在 2003 年引进经营的店铺。该店在京都祇园、新宿伊势丹等地也有店铺。

井村屋自 1896 年创业以来，除了其招牌商品煮红豆之外，还制造了素蛋糕、红豆包、肉包等种类丰富的产品。这显然是一家生产大众商品的公司。曾经风靡一时的外出就餐首选餐厅 Anna Miller's 也是由井村屋从美国引入的，1973 年在青山开了第一家店。Anna Miller's 虽然当时在日本成了时尚的代名词，但依然是一家面向大众的美式餐厅。从 1973

年的 Anna Miller's 到 2003 年的 JOUVAUD，这历经 30 年的对比，正是日本中流化鼎盛时代和差距社会定格时代的对照。

作为健康食品的酸奶也被附加了诸多功能，产量不断增加。根据"家计调查"，两人以上家庭每年购买酸奶的平均支出从 2015 年的 12315 日元增长到 2019 年的 13157 日元。特别是单身女性对酸奶的消费支出增长较大，34 岁以下单身女性的酸奶消费支出从 3466 日元增长到 5353 日元，35—59 岁的单身女性的酸奶消费支出从 6426 日元增长到 7411 日元，而 60 岁以上单身女性的此项支出则从 7800 日元增长到 8849 日元。

其中价格高于 200 日元的酸奶大约占 25%。在普通超市，100 日元左右的酸奶是主流，但在高级超市，酸奶的价格至少在 230 日元，甚至还有不少 800 日元以上的酸奶。

"总有一天要开上皇冠"的时代彻底结束

汽车的销量也呈现两极分化。一方面最畅销的车型逐渐变为轻型车和小型车；另一方面，2000 万日元以上的高级进口车销量也在不断增加。

如果去港区观察一下的话，就会发现法拉利、兰博基尼、迈巴赫等超高级车随处可见，甚至令人产生一种"难道是曾经的豪车潮流又回来了"的错觉。（图 1-4）

2020 年 11 月 11 日的新闻报道了丰田即将停止生产皇冠轿车的消息，今后丰田的高级轿车将会并入雷克萨斯。"总有一天要开上皇冠"的时代彻底结束了！

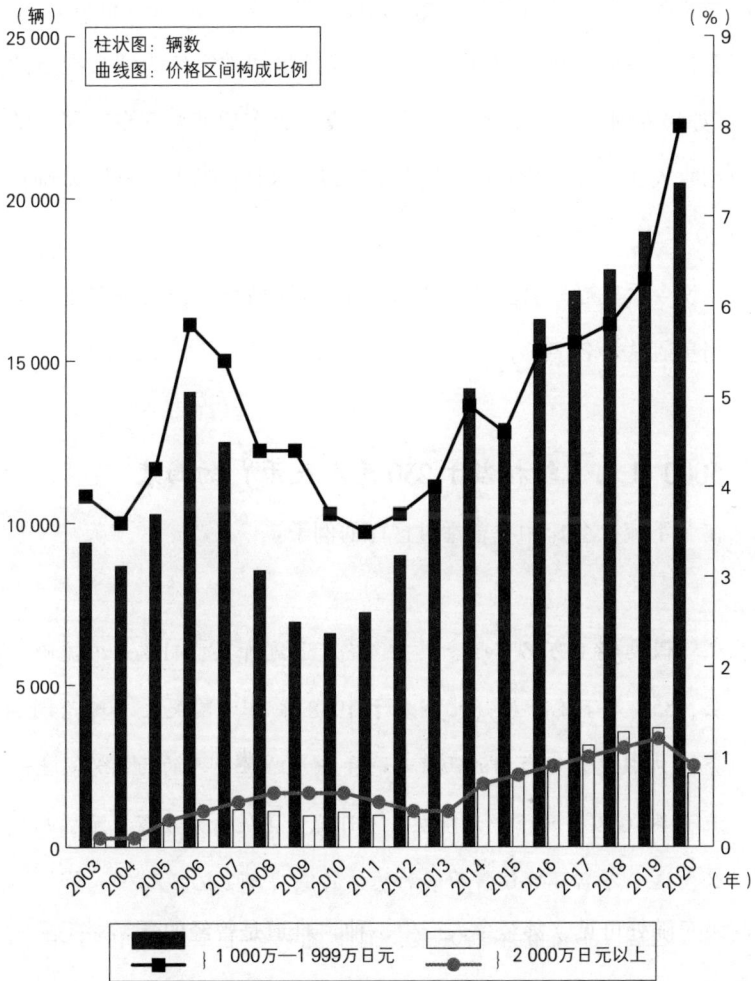

出处：日本汽车进口组合。

图1-4 车辆价格 进口轿车登记台数变化

皇冠上市的 1955 年正好是日本的中流化正式发端的时期。随着中流阶层逐渐增多，人们变得富裕之后首先会购买 700cc 的 Publica，工资上涨后再置换成 1000cc 的卡罗拉（卡罗拉最初被宣传为课长乘坐的汽车）。如果升到部长了就要买科罗娜，成为股东后就要开皇冠了。随着职位和收入的上升，开的车也越来越高级。这样的情形一直持续到了 20 世纪 80 年代。

据说今后皇冠只会生产 SUV 这样的运动型汽车，届时大概也不会再使用皇冠这个名字了。

5000 日元（约相当于 250 元人民币）的西装

在《下流社会》中我曾举过这样的例子：

假设有 1 万名男性，其中 4% 是上流阶层，41% 是中流阶层，55% 是下流阶层（比例基于 1958 年的《国民生活舆论调查》）。假设百货商场的西装部一年中卖给每个人的西装为：上流阶层 10 万日元，中流阶层 7 万日元，下流阶层 3 万日元，那么向这 1 万名男性销售西装的总销售额为 492 亿日元。

之后，中流化不断发展，到中流社会全盛期的 1973 年，上流阶层变为 8%、中流阶层变为 64%，下流阶层变为 29%。如果这时西装的售价不变，仍以 1 万名男性来计算，那么销售额将会增加到 615 亿日元。

但是，随着贫富差距的扩大，到 201X 年，上流阶层变为

15%，中流阶层变为45%，下流阶层变为40%，那么销售额将会减少至585亿日元。

之后如果由于收入减少和通货紧缩，中流阶层只会购买5万日元的西装，那么销售额会进一步减少为495亿日元。这和1958年的销售额几乎相同。

能够弥补这个差额的应该是上流阶层。如果上流阶层不再买10万日元的西装，而是购买20万日元的西装，那么销售额将会达到645亿日元，这样才能超过中流全盛时期的1973年的销售额。这个例子就是为了说明，中流阶层衰退的影响是多么巨大。

实际上在《下流社会》出版10年后的2015年，伊势丹当时的社长大西洋氏曾说道："8万日元左右的男装销量回升较慢，但13万日元左右的商品却销量可观。女鞋销量增长的也是3.3万日元以上的商品，而并非主要价格区间2.6万日元左右的商品（《日本经济新闻》2015年6月30日）。"可见一部分中流已经上升为上流。如果所有的中流都能成为上流的话，那么伊势丹一定是很开心的，但事实并非如此，大部分的中流还是逐渐沦为了下流。

同样在《日本经济新闻》（2021年1月20日）中出现了西装零售商青山商事要将六成约400家店铺的卖场面积缩减的报道。在该报道中还基于"家计报告"展示了男性西装年消费金额的变化。1991—2019年，西装的年消费金额从近2万日元减少到5000日元，也就是说西装的年消费金额减少了3/4。

在《下流社会》的模型中，从 1973 年的中流社会模型到 201X 年的通货紧缩差距社会模型，西装的销售额减少率不过两成。而现实却是减少了近 3/4，可见现实情况更加严峻。随着着装休闲化潮流的发展，不买西装的人越来越多了，而新冠病毒疫情也减少了人们对西装的需求，现实情况确实令人担忧。

亚洲贫富差距扩大，高级化倾向渐强

大众商品的高级化倾向在快速发展的中国及亚洲其他国家也十分显著。这些国家的中高收入人群想吃日本美味的草莓、哈密瓜、苹果、和牛，但是由于新冠病毒疫情无法来日本，于是他们便增加了进口。据日本农林水产省统计，2021 年 1 月到 3 月期间，农林水产商品的出口与前年同期相比增长了 30%。对中国香港地区出口增长 34%，对中国大陆出口增长 48%，对中国台湾地区出口增长 45%（《日本经济新闻》2021 年 5 月 30 日）。随着中国及亚洲其他国家和地区的经济增长，今后对高级商品的消费也会越来越多。

我有个朋友把新潟县产的酒销往了世界各地。控制了新冠病毒疫情的中国对酒的需求急剧扩大，订单纷至沓来。然而运酒的船只却不足，这令他十分困扰。

从日本的消费市场来看，与中国等新兴经济体相比，日本正在经历着下流化、贫富差距扩大的问题。因此，在第二章中我们将根据三菱综合研究所的调查，对日本人过去十年间"意识"的"下流化"实态进行论证。

调查概要

调查名：现代日本人的意识与价值观调查

调查主体：下流社会 15 年后研究会（株式会社 Culture Studies 研究所与该公司为本调查聘请的企业、个人）

调查目的：调查自 2005 年《下流社会》发行之后 15 年间日本人的意识与价值观的变化

调查时间：2020 年 11 月

调查对象：居住在日本的 25—54 岁男女共 2523 人

调查方法：在三菱综合研究所"生活者市场预测系统"2020 年 6 月调查的问卷样本中追加问题。

注：关于阶层意识，全体中"上"为 0.4%，"中上"为 14.7%，"中中"为 39.7%，"中下"为 29.5%，"下"为 10.7%，"不确定"为 4.9%。但实际上"上"的比例很小。因此，本书从以下四个阶段进行分析。"上"（＝"上"＋"中上"）、"中"（＝"中中"）、"中下"和"下"。

根据实际需要，又修改为以下三个阶层进行统计分析。

上流（阶层意识为"上"和"中上"）、中流（阶层意识为"中中"）、下流（阶层意识为"中下"和"下"）。

第二章 | "伪中流"的出现与日本的"分裂"
——习惯通货紧缩的日本人

2-1 "平均值"降低

中流意识回归之谜

如第一章所述,在消费方面下流化(低价格化)和上流化(高级化)同时出现,贫富差距扩大,向上流和向下流的两极分化情况正在发生。

但即使如此,在21世纪初期人们的意识并没有发生下流化。

无论是内阁府的国民生活舆论调查,还是三菱综合研究所的3万人调查,即生活者市场预测系统(下称Mif),都显示出在过去的10到15年间,在阶层意识方面的下流阶层并未增加,甚至出现了下流减少、上流增多的情况(图2-1)。

从不同年龄层人群来看,几乎所有年龄层都显示出上流增多下流减少的趋势,特别是在年轻人群中这种倾向更加明显。20多岁男女在阶层意识四阶段中为"上"的,从12%增加到20%(图2-2)。特别是男性从2015年的11%增加到2020年的22%,几乎是成倍增长。

年轻人群的这种"上流化"与后述生活满意度的提高也出现了齐头

并进的趋势。

年份	上	中	中下	下	不明
2011年	13%	38%	33%	12%	4%
2012年	13%	39%	32%	12%	4%
2013年	14%	39%	32%	12%	4%
2014年	13%	36%	32%	14%	5%
2015年	12%	36%	32%	15%	6%
2016年	13%	35%	31%	15%	6%
2017年	15%	38%	30%	12%	6%
2018年	15%	37%	29%	13%	7%
2019年	15%	39%	29%	11%	6%
2020年	17%	40%	28%	10%	5%

■上 □中 ■中下 □下 ■不明

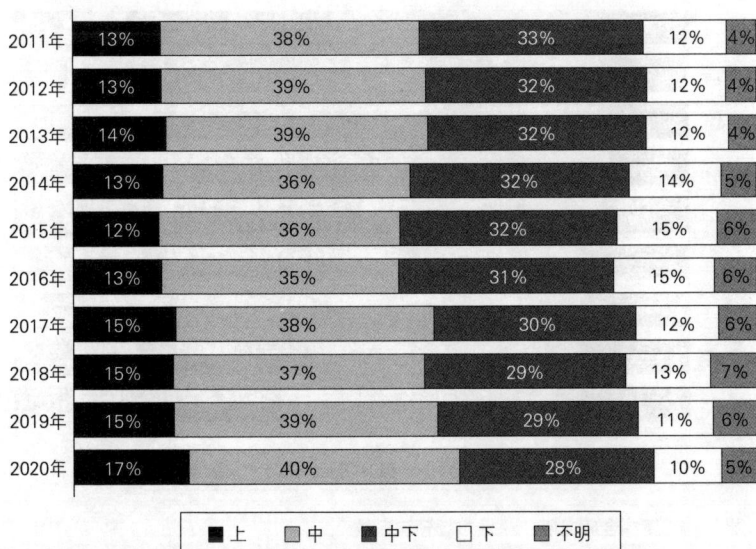

出处：三菱综合研究所"生活市场预测系统"。

图 2-1 日本人的阶层意识推移（20—69 岁男女）

那么，为何会出现这样的"上流化"呢？过去 10 年，从人数来说，正规雇用人数并未增加，而年收入低的非正规雇用人数却在不断增加，因此应该是中流减少下流增多才对。但无论是内阁府的国民生活舆论调查还是 Mif 的调查结果都显示并非如此，反而是在非正规雇用的低收入阶层中，阶层意识上的"下流"正在减少。为什么会出现这种结果呢？我想大概是以下原因：

①习惯非正规雇用和低收入的人增多了；

②通货紧缩使得低收入人群的生活变轻松了；

③虽然收入低，但时薪也稍有上涨。

2011年	13%	40%	31%	10%	6%
2012年	13%	40%	31%	10%	7%
2013年	13%	37%	31%	11%	8%
2014年	13%	36%	31%	12%	9%
2015年	12%	35%	30%	13%	11%
2016年	13%	36%	28%	13%	11%
2017年	16%	38%	27%	10%	9%
2018年	16%	35%	27%	10%	12%
2019年	16%	39%	26%	9%	9%
2020年	20%	41%	24%	7%	9%

■上　■中　■中下　□下　■不明

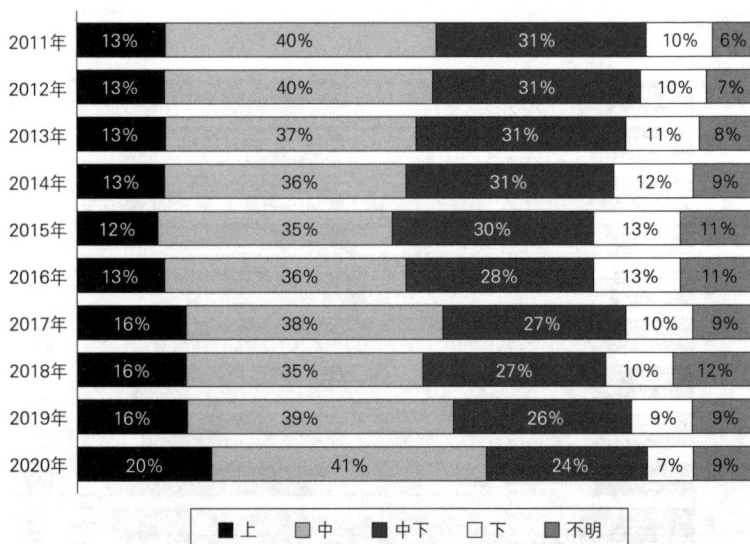

出处：三菱综合研究所"生活市场预测系统"。

图2-2　20多岁男女的阶层意识推移

另外，20多岁的年轻人阶层意识较高并非只有这些经济上的诱因，他们能够熟练使用SNS等各种新技术，能够用智能手机轻松地享受各种娱乐活动，还出现了视频博主这样的新职业。年轻人群拥有一种引领时代的感觉，这可能也是原因之一。

45—54岁的公务员中有88%是中流和上流阶层，兼职男性中有82%是下流阶层

从不同雇用形式的阶层意识来看，所有年龄层人群中正规雇用人员中有19%的阶层意识为"上"，而阶层意识为"上"的公务员则多达28%（表2-1）。

表2-1 不同雇用形式的阶层意识推移

	年	人数	上	中	中下	下	不明
正规雇用	2012	8830	14%	42%	32%	9%	3%
	2013	8984	15%	41%	32%	9%	3%
	2014	8888	14%	40%	32%	10%	4%
	2015	8910	15%	39%	31%	11%	4%
	2016	8881	15%	39%	30%	11%	5%
	2017	9640	17%	41%	29%	9%	5%
	2018	9757	16%	41%	28%	9%	6%
	2019	10382	16%	42%	29%	8%	6%
	2020	10740	19%	42%	28%	6%	4%
公务员	2012	1002	19%	54%	24%	2%	2%
	2013	993	21%	51%	23%	3%	3%
	2014	1044	23%	49%	21%	4%	3%
	2015	961	22%	50%	22%	4%	3%
	2016	991	24%	46%	23%	4%	3%
	2017	1028	24%	51%	18%	4%	3%
	2018	998	25%	50%	19%	3%	3%
	2019	1140	26%	48%	19%	3%	4%
	2020	1276	28%	50%	17%	2%	3%
兼职/打工	2012	3662	10%	36%	34%	15%	5%
	2013	3816	9%	37%	34%	16%	5%
	2014	3812	9%	33%	35%	17%	6%
	2015	3962	9%	31%	34%	20%	6%
	2016	3838	9%	32%	33%	19%	7%
	2017	4091	12%	36%	31%	16%	6%
	2018	4111	11%	32%	33%	16%	8%
	2019	4147	11%	36%	31%	15%	7%
	2020	4089	13%	38%	31%	14%	5%
派遣社员	2012	526	8%	32%	36%	18%	5%
	2013	511	7%	34%	34%	20%	5%
	2014	550	7%	31%	35%	22%	7%
	2015	539	6%	27%	36%	25%	8%
	2016	581	6%	26%	37%	24%	7%
	2017	591	9%	31%	34%	20%	6%
	2018	619	7%	28%	36%	23%	7%
	2019	600	8%	28%	38%	19%	8%
	2020	565	9%	31%	38%	17%	6%
公司董事/团体领导	2012	385	31%	36%	22%	9%	2%
	2013	360	34%	36%	21%	5%	3%
	2014	340	37%	33%	22%	5%	3%
	2015	298	34%	34%	23%	6%	4%
	2016	287	38%	28%	24%	7%	2%
	2017	350	46%	32%	16%	4%	2%
	2018	329	44%	33%	14%	7%	2%
	2019	319	45%	34%	16%	3%	3%
	2020	320	45%	32%	18%	3%	3%

出处：三菱综合研究所"生活市场预测系统"。

公务员中阶层意识为"上"和"中"的比例合计高达 78%，在 45—54 岁年龄层的公务员中这个比例更是高达 88%。公务员的"高级国民"意识实在令人惊讶。

"上"和"中"的比例合计为 78%，这一数字与年收入 700 万日元的民间正规雇用者相同。如果从年收入都是 400 多万日元来看，阶层意识为"上"和"中"的公务员合计为 78%，而这一数据在民间正规雇用中为 58%，二者之间有 20% 的差距。与民间正规雇用者相比，年收入 500 万—800 万日元的公务员中阶层意识为"上"的较多。

也有观点认为公务员与民间正规雇用者相比学历更高（四年制大学毕业以上学历的民间正规雇用者为 61%，公务员为 75%），因此阶层意识更高是可以理解的。在同样是四年制大学毕业以上学历且年收入 400 多万日元的人群中，有 61% 的民间正规雇用者的阶层意识为"上"和"中"，而在公务员中这一比例则高达 80%。另外无论是年收入 500 多万日元还是 500 万—700 万日元都是公务员阶层意识为"上"的更多。民间正规雇用者中阶层意识为"上"的比例首次超过公务员是在年收入超过 1000 万日元的时候。

公务员阶层意识高的最大的原因可能是能够切实地拿到年金，无后顾之忧吧。另外，这次调查的所有公务员都是正规雇用者。据说近年来公务员的非正规雇用也在增多。国家公务员中约 36%、地方公务员中约 23% 为非正规雇员。非正规雇用的公务员年收入也较低，年收入不足 200 万日元的比例多达 53%，并且非正规公务员中 75% 是女性。也可以认为在非正规雇用中节省的人工费用被支付给了正规雇用的公务员。

公务员的上流意识一直在上升。20—60多岁的公务员中阶层意识为"上"的人在2012年占19%，而2020年则达到28%。特别是夫妻双方都是公务员的人阶层意识为"上"的比例从2012年的25%增加到2019年的40%。这个上涨是十分惊人的。

与公务员的"高级国民"不同，兼职/打工人群中阶层意识为"中下"和"下"的占50%，自由职业和公司代表/董事/自营业为45%，业务委托/合同工为42%，在这些职业人群中下流比例较高。特别是45—54岁的男性兼职/打工人员中阶层意识为"下"的比例高达82%。

尽管如此，从2015年到2020年，兼职/打工人员中阶层意识为"上"的人却增多了，而阶层意识为"中下"和"下"的减少了，这也令人感到十分不可思议（图2-3）。

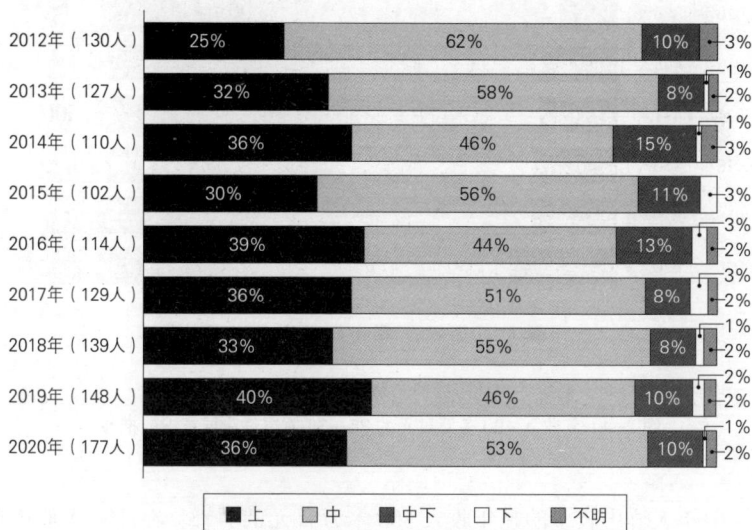

出处：三菱综合研究所"生活市场预测系统"。

图2-3　夫妻都是公务员的人群的阶层意识推移

非正规雇用或年收入不足300万日元的下流阶层在减少?!

下面来看一下不同收入人群的阶层意识变化。无论是正规雇用还是非正规雇用，下流都略有减少，中流略有增加。在调查对象中人数最多的是年收入400多万日元的男性，他们之中阶层意识为"中下"的人数在减少，阶层意识为"上"的人数在增多。这个结果主要是受25—34岁的年轻人群阶层意识的影响（图2-4）。另外，在年收入300多万日元的年轻人群中也呈现出相同的倾向。

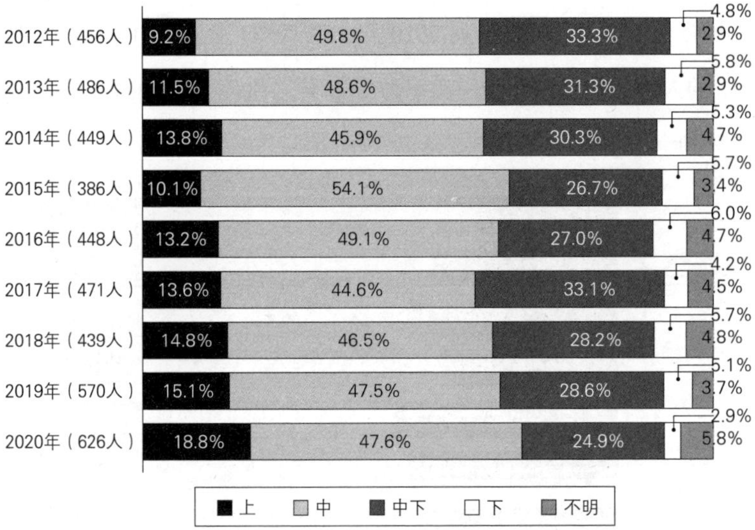

	上	中	中下	下	不明
2012年（456人）	9.2%	49.8%	33.3%	4.8%	2.9%
2013年（486人）	11.5%	48.6%	31.3%	5.8%	2.9%
2014年（449人）	13.8%	45.9%	30.3%	5.3%	4.7%
2015年（386人）	10.1%	54.1%	26.7%	5.7%	3.4%
2016年（448人）	13.2%	49.1%	27.0%	6.0%	4.7%
2017年（471人）	13.6%	44.6%	33.1%	4.2%	4.5%
2018年（439人）	14.8%	46.5%	28.2%	5.7%	4.8%
2019年（570人）	15.1%	47.5%	28.6%	5.1%	3.7%
2020年（626人）	18.8%	47.6%	24.9%	2.9%	5.8%

出处：三菱综合研究所"生活市场预测系统"。

图2-4 年收入400多万日元的25—34岁男性阶层意识的推移

中年人群中较多的是年收入500多万日元的男性，在此类人群中并没有出现阶层意识为"上"的人数增加和阶层意识为"中下"的人数减少的倾向。但是在年收入700万—900万日元的人群中，出现了阶层意识为"中下"的人数减少而为"中中"的人数增多的倾向。

从整体来看，相同年收入人群的阶层意识有上升倾向。近年来日本人意识上的"阶层上升"主要是由于年收入为 300 万—400 多万日元的人群中年轻人较多，从而导致了阶层意识为"中下"的人数减少而阶层意识为"上"的人数增多。

对于男性来说，年收入达到 400 万日元就能够结婚了（请参考拙作《下流社会》），可以说这个收入水平勉强算得上是中流的最低线。在此收入水平的人群中阶层意识为"中下"的人数减少，为"上"的人数增多。可见在这不到十年之间，日本人发生了"年收入能到达 400 万日元左右就是中流"的意识转变。

根据日本国税厅的"民间薪酬实态统计调查"，男性连续工作一年的平均工资在 1997 年时达到了巅峰的 577.7 万日元。之后开始持续下降，2012 年下降为 502 万日元。但是 2013 年之后又开始增长，2019 年达到了 539.7 万日元（图 2-5）。

按照这个结果来看，从 2012 年到 2019 年，年收入 400 多万日元的男性的阶层意识理应降低。但事实却刚好相反，他们的阶层意识上升了。"年收入 400 多万日元就是中流"的意识越来越普遍了。

伪中流·通货紧缩下的中流＝不涨工资也不影响阶层意识的上升

从"民间薪酬实态统计调查"的结果来看，男性连续工作 1 年的收入在 2013 年虽然略有回升，但与 20 世纪 90 年代几乎持平。而连续工作

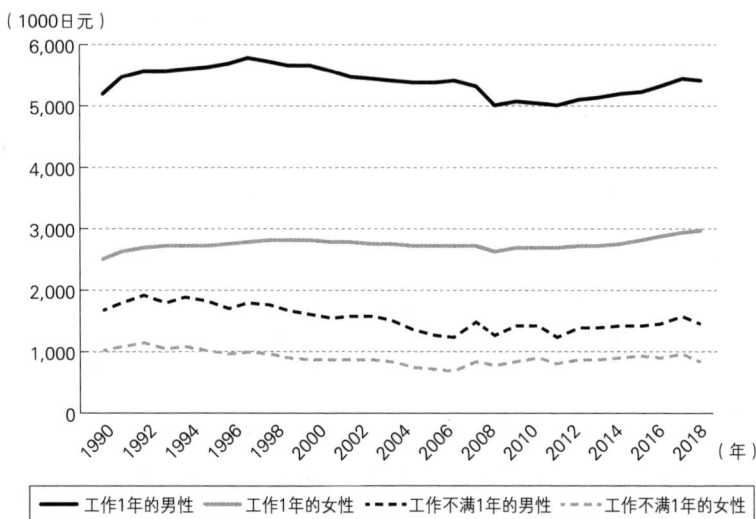

（1000日元）

工作1年的男性 ——— 工作1年的女性 ——— 工作不满1年的男性 ------- 工作不满1年的女性 -------

出处：日本国税厅"民间薪酬实态统计调查"。

图 2-5 民间企业男女平均工资金额（每年）推移

未满 1 年的男女收入都低于 20 世纪 90 年代初期水平。只有连续工作满 1 年的女性收入稍有上升。那么在这种情况下，为何人们的阶层意识会上升呢？

最近几年，我们常常能够看到中国企业招聘的应届毕业生月工资高达 40 万日元，德国或瑞士的应届毕业生月工资也能达到 35 万日元的信息。据说在旧金山，即使年收入达到 1400 万日元也依然属于低收入阶层。

假设日本自 1990 年起每年工资上涨 2%，那么 2019 年连续工作 1 年的男性的平均年收入应该能够达到 932.4 万日元。即使工资涨幅仅为 1%，也应该能够达到 693.9 万日元。

1990 年应届大学毕业生的月工资为 16.99 万日元（根据薪酬构造基

本统计调查），如果按照每年 2% 增长，那么 2019 年的应届大学毕业生月工资应该达到 30.17 万日元。在泡沫破灭后，日本人确实变穷了不少（图 2-6）。但是随着收入降低物价也有所降低，因而人们的生活水平似乎并没有受到影响。

这么看来，现在的中流，特别是年轻人群的中流可以说是所谓的"伪中流"，或者是"通货紧缩下的中流"。人们对于中流的标准降低了。虽然收入不多，但穿着优衣库、GU 或者 WORKMAN 的衣服，在百元店或网上购物，也能以较低的成本生活。这些都催生了通货紧缩化的中流。

从 2012 年到 2019 年，在收入相同的女性人群中，下流减少而上流增多的倾向较弱。女性还在源源不断地进入社会。

安倍经济学引起了食材费上涨

为了调查通货紧缩的实际情况，我们首先来看一下消费者物价指数的推移。如果将《下流社会》发行的 2005 年的数值设定为 100，那么现在的整体物价指数为 105.1，而食材费为 116.4。近年来涨幅较大的烹饪食材为 117.5，一般食品为 115.8，与整体物价相比食材费的涨幅更大，特别是 2014 年以后食材费大幅上涨。

这一现象产生的背景是安倍经济学的日元贬值政策，此政策导致各种进口商品的价格上涨，食材费也因此上涨。

服装价格指数为 106.4，与整体水平相当。快消时尚的兴起使得服装的价格下降，百元店和药妆店的竞争使得日用品价格下降。而作为生活必需品的食材费则受到日元贬值的影响价格上涨。

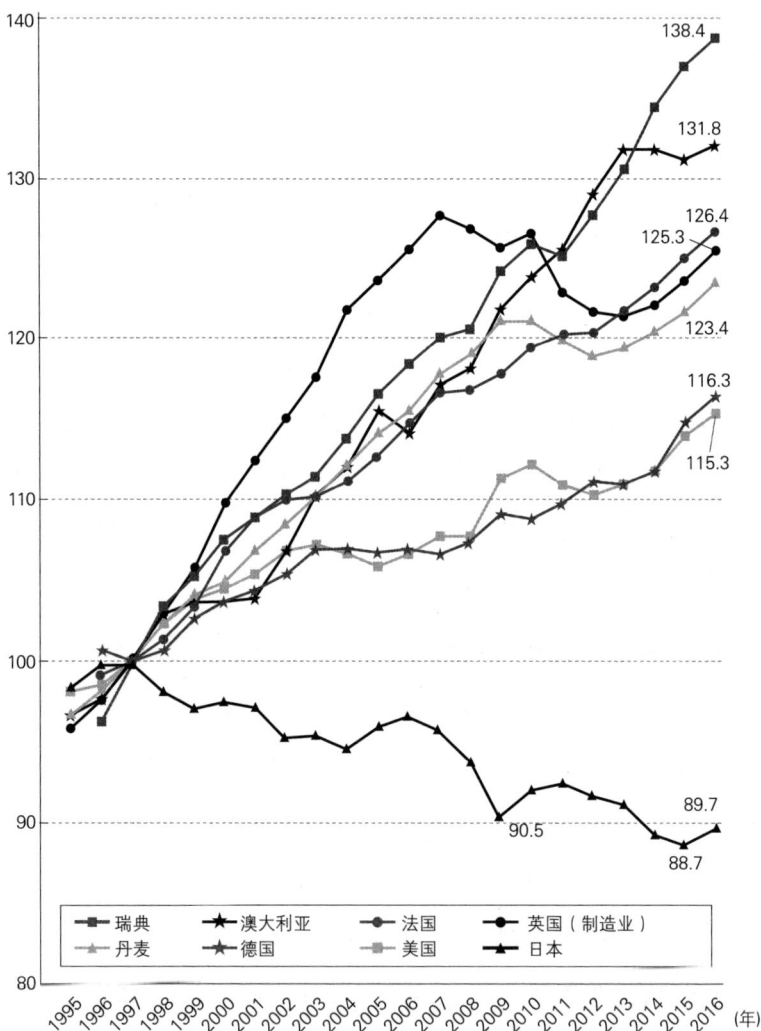

注：民间产业的时薪（包括一次性收入、超时补贴）除以消费者物价指数。澳大利亚在 2013 年以后第二季度与第四季度的数据的平均值。法国和德国的 2016 年的数据为前三个季度的平均值。英国只有制造业的数据。

出处：全劳联根据 oecd. stat 统计制作（日本的数据出自每月勤劳统计调查）。

图 2-6　实际薪酬指数推移的国际比较

从"家计调查"中两人以上家庭的消费支出来看，整体消费支出从2000 年的 380.79 万日元减少到 2019 年的 352.55 万日元，2020 年由于新冠病毒疫情又减少到 335.51 万日元，与 2000 年相比减少了将近 50 万日元。而单从食材费来看，2000 年的食材费支出为 97.37 万日元，2011年减少为 87.29 万日元。但 2012 年突然上升，到 2020 年增长为 96.24万日元，可见近年来恩格尔系数上升了。这么看来生活困难的人应该会增多，感受到阶层下降的人也应该增多。但现实却是，这种生活水平的降低似乎并不会决定性地导致人们对生活的不满，这正是现代日本的不可思议之处。

为什么这么说呢？在许多人看来，虽然食材费上涨了，但并不至于吃不上米饭。虽然不能去专门的炸猪排店、鳗鱼饭店、或者天妇罗店了，但依然能够在便利店买炸猪排便当或鳗鱼饭，也可以去快餐店吃上一碗天妇罗盖饭（听说最近还出现了卖鳗鱼饭的快餐店），照样能够吃饱。虽然满足程度可能会有所降低，但是仍然能够满足人们"吃饱肚子"这一对食物的基本需求（甚至每年还会产生 600 万吨的废弃食物）。

"虽然自己的分数降低了，但只要平均分也下降了就没关系"的心理

虽然自己的考试分数从 70 分降低到 60 分，但只要全班的平均分也从 60 分降低到 50 分，那么自己就放心了。我认为目前日本这种整体的"上流化"或者说"阶层上升"的意识正是源于这样的心理。

虽然自己的分数下降了，但只要班级的平均分也下降了，就不会在

意自己分数的降低。但是如果其他班级的平均分上升了，那就会有问题了。进一步说，如果全校的平均分都下降了，那么能够考入名牌大学的人数就会减少，学校的经营就会面临严重的问题。这难道不就是当前日本的现状吗？（我并不是推崇偏差值教育，只是为了让读者容易理解而举了这个例子）

现在的年轻人群从出生开始就没有经历过经济景气的时代，因此即使他们的收入较低，总是穿 GU 和 WORKMAN 的服装，他们也不会认为自己是"下流"。实际上，这些品牌也常常引入潮流元素生产时尚的商品，因此年轻人即使穿这些品牌的衣服也不会觉得不好意思。就算是便宜的品牌，只要穿上效果好，也能受到别人的称赞。

现在人们还可以在 MERCARI（译者注：中文称为煤炉，日本二手网站）和雅虎二手网站购买便宜的二手商品。虽然收入没有上涨，但生活水平也并没有降低。如果是 15 年前，人们会认为买二手商品是穷人行为，不是中流该有的行为。但现在这种意识却逐渐消失了。甚至还有许多人认为买二手商品是时尚的、环保的。20 年前我曾因为在给企业的报告中提到"年轻人喜欢二手衣物"，而遭到了质疑。现在想来，真是恍如隔世。近年来，有一些知名百货商店也设置了售卖二手衣物的卖场。在销毁滞销的衣服会被 SDGS（联合国可持续发展目标）反对的现代社会，做二手服装生意似乎还能够达到提升企业形象的效果。

音乐、电影和电视剧也能够通过网上服务更加便宜地收听观看。就算没有钱，也能享受到比曾经的中流更加丰富的生活。可以说现在已经变成了一个不知道在哪方面花钱才算中流的时代。

"中流"这一概念已经过时

实际上，在向年轻人群询问他们的阶层意识时，回答"不知道"的人越来越多了。房子、车子、"三种神器"（20世纪50年代后期在日本黑白电视、洗衣机和冰箱被称为"三种神器"），这些曾经的中流象征对于现在的年轻人来说就像是祖父辈的古董了吧。就连"中流"这个概念恐怕也早已过时。

如果今天还存在"中流的象征"，那应该是什么呢？有可能并不是廉价智能手机，而是普通的智能手机；车子不是奔驰、雷克萨斯或者轻型车，而是节能车；房子不是自建房或出租房，而是重新装修过的旧公寓；家电不是爱丽思（IRIS OHYAMA），而是戴森（Dyson）或巴慕达（BALMUDA）。不管怎么说，现在确实很难想到有什么大家都认可的"中流必需"的东西。

在我看来，可能就是大学毕业、正式员工、30多岁并且已经结婚等，这种一直以来都被人们认可的条件吧。

典型的中流和典型的下流减少，伪中流增多

有数据能够表明过去10年日本人的下流化，这就是NHK放送文化研究所参加的国际比较调查组织ISSP的调查结果（图2-7）。

首先将社会的阶层分为10个阶段，让调查对象选择自己所属的阶段。1999年选择第6阶段的占27%，为当年最多。2009年选择第5阶段的占31%，成为占比最多的阶段，而选择第6阶段的人数占比下降到16%。2019年选择第5阶段的减少为24%，选择第4阶段和第3阶段的

自己在社会中的位置（整体）（%）

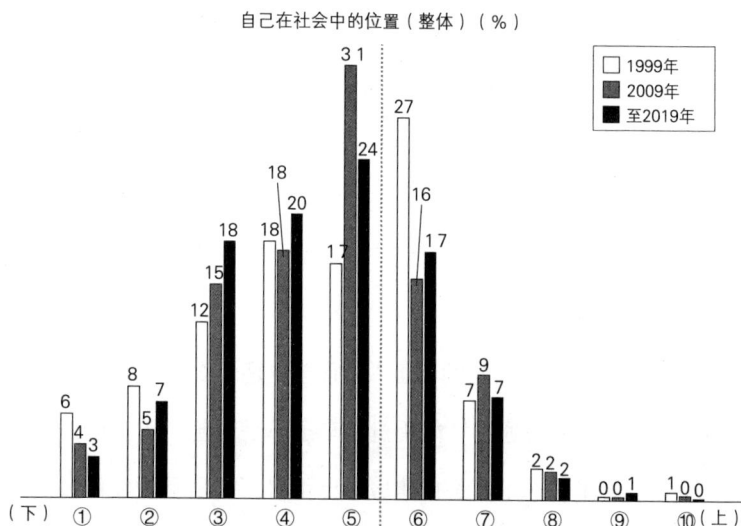

出处：NHK 放送文化研究所 "关于社会不平等的意识调查"。

图 2-7　自己所属的阶层

都略有增多。可见，在过去的 20 年间，日本人的阶层归属意识在逐渐降低。NHK 放送文化研究所也指出了阶层意识正在 "下流化"，这个结果显然印证了 "下流社会" 这一预测正在成为现实。

但有意思的是，认为自己属于第 1 阶段和第 2 阶段的最底层人群在 20 年间略有减少。第 1 阶段和第 2 阶段的人数减少了，第 5 阶段和第 6 阶段的人数也减少了，而第 3 阶段和第 4 阶段的人数却增多了。可见，典型的下流和典型的中流减少了，而阶层意识为 "中下" 或者说 "下上" 的人数增多了。

另外，第 5 阶段和第 6 阶段的总和在 1999 年为 44%，2009 年为 47%，2019 年为 41%。而第 1 阶段到第 4 阶段的总和在 1999 年为 44%，

2009 年为 42%，2019 年为 48%。可见中流和下流数据互换，下流成为多数派。另外，第 7 阶段以上的人数总占比从 10% 变为 11%，较为稳定。可见上流的人还是稳定地居于上流，但中流呈现出下流化倾向。

当然在这 20 年间，既有从中流上升为上流的人，也有从上流、中流下降为中流、下流的人，现实中存在各种各样的模型。但从整体趋势来看，可以说稳定的上流和下流化的中流（通货紧缩中流、伪中流）是当前的主要变化趋势。

期待大量中流存在的社会

国际社会调查项目（International Social Survey Programme，简称 IS-SP）还使用图形把阶层分为金字塔型的 B 和大量中流存在的 D 等 5 种类型，并让调查对象从中选出理想的社会与现实的社会（图 2-8）。

在每次的调查中，选择理想型为 D 的人都占 45% 左右。也就是说这些人希望看到有大量中流存在的社会。认为"现实"的社会也是 D 的人在 1999 年占 32%，而在 2009 年和 2019 年的调查中急剧减少，仅剩两成左右。

认为现实社会是像 C 那样接近金字塔型的人从 20% 增加到 25%。

由此可见，日本人也认为现在的日本社会正在从大量中流存在的社会向接近金字塔型的阶层社会转移。

综上所述，从日本内阁府和三菱综合研究所的数据来看，在过去 10 年间上流人数增多、下流人数减少的倾向受年轻人群中"伪中流"和"通货紧缩中流"人数增多的影响较大。

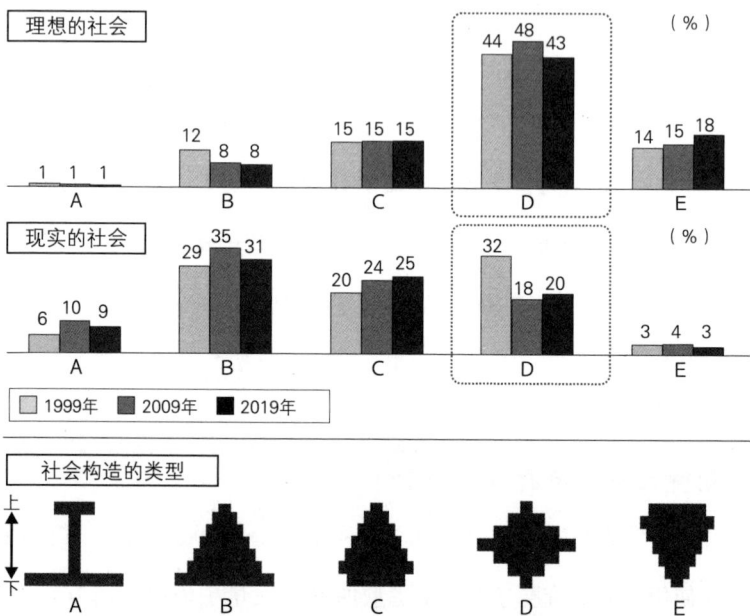

出处：NHK 放送文化研究所"关于社会不平等的意识调查"。

图 2-8 社会构造的理想与现实

　　日本人也意识到在理想的社会构造和现实的社会构造之间存在差距。但是社会阶层 10 个阶段中，从下数第 5 阶段和第 6 阶段的人下移到第 3 阶段和第 4 阶段，因此仅从自己的日常生活来看可能并不会感受到差距的扩大，从而导致人们认为第 3 阶段和第 4 阶段也属于中流。

2-2　生活满意度·人生观·日本认知

正在减少的"不满"

日本人的生活满意度是上升了还是下降了呢？

首先，让我们来看一下内阁府几乎每年都会进行的"关于国民生活的舆论调查"。从这个调查中我们可以看到人们对于"你对现在生活是否满意"这一问题的回答在改变（图 2-9）。

1966 年以后的变化趋势如下：

不满较多　1966 年到 1974 年　从 GDP 成为世界第二到第一次石油危机

不满减少　1974 年到 1985 年　从第一次石油危机结束到泡沫时期之前

不满增多　1985 年到 1989 年　泡沫时期

不满减少　1989 年到 1995 年　泡沫巅峰时期及之后数年

不满增多　1995 年到 2003 年　泡沫破灭后

不满减少　2008 年到 2019 年　雷曼危机之后

由此可见，"不满增多"和"不满减少"的时期交替出现。

高度经济成长期末期和泡沫时期这种经济发达的时期，也是不满增多的时期，对生活不满的人超过了 35%。虽然经济发达了，但也因此导致了矛盾的扩大。在经济高速增长时期，交通事故、公共危害、通勤问题、住宅难等问题愈发严重。泡沫时期，由于地价的升高，在距离都心 50 公里以内的地区都很难买到房子，通勤时间超过两个小时的情况也十分常见。

（%）

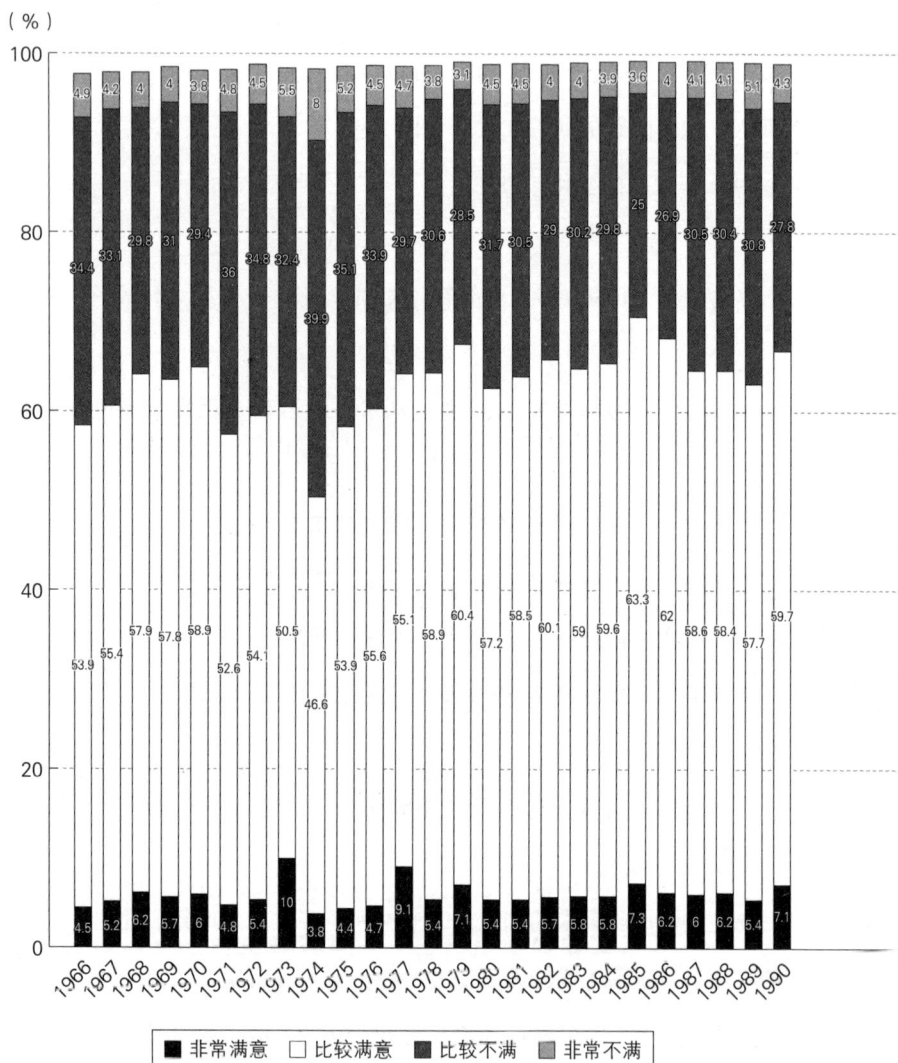

图2-9 国民生活满意度的推移

出处：三浦展根据日本内阁府"关于国民生活的舆论调查"制作。

注：从1992年起选项发生了变化，变为"非常满意""比较满意""说不出是否满意""比较不满"
"非常不满""不清楚"，本图中删去了"说不出是否满意"和"不清楚"。

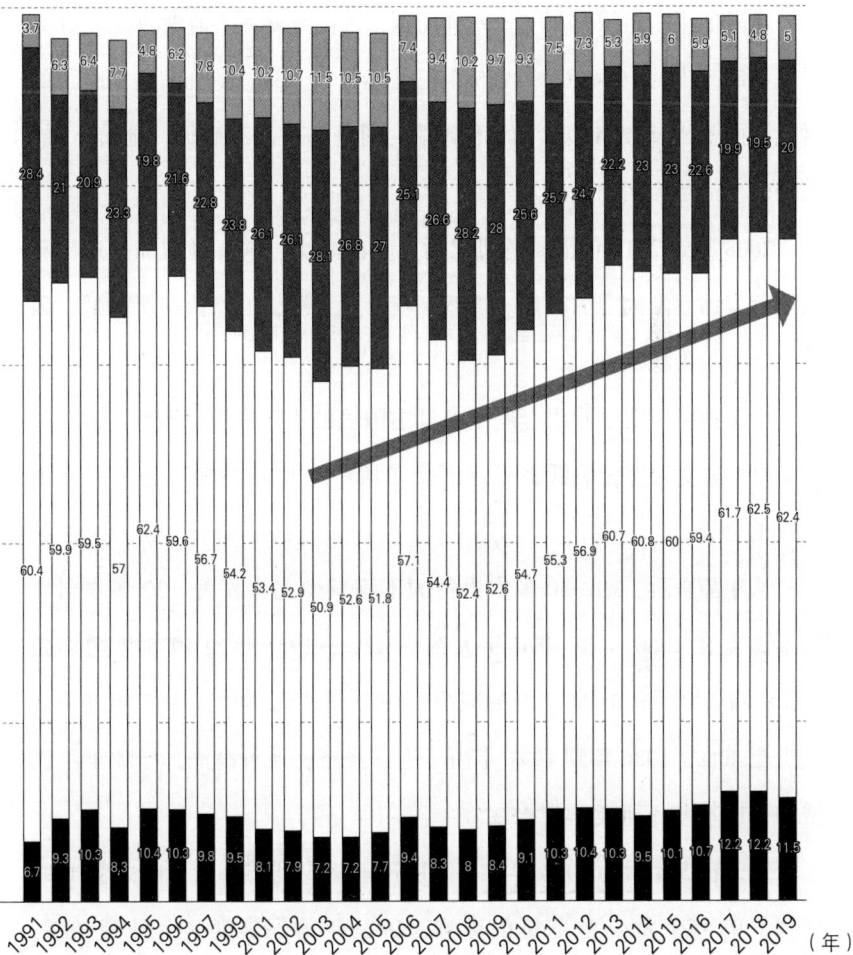

年				
1991	6.7	60.4	28.4	3.7
1992	9.3	59.9	21	6.3
1993	10.3	59.5	20.9	6.4
1994	8.3	57	23.3	7.7
1995	10.4	62.4	19.8	4.8
1996	10.3	59.6	21.6	6.2
1997	9.8	56.7	22.8	7.8
1999	9.5	54.2	23.8	10.4
2001	8.1	53.4	26.1	10.2
2002	7.9	52.9	26.1	10.7
2003	7.2	50.9	28.1	11.5
2004	7.2	52.6	26.8	10.5
2005	7.7	51.8	27	10.5
2006	9.4	57.1	25.1	7.4
2007	8.3	54.4	26.6	9.4
2008	8	52.4	28.2	10.2
2009	8.4	52.6	28	9.7
2010	9.1	54.7	25.6	9.3
2011	10.3	55.3	25.7	7.5
2012	10.4	56.9	24.7	7.3
2013	10.3	60.7	22.2	5.3
2014	9.5	60.8	23	5.9
2015	10.1	60	23	6
2016	10.7	59.4	22.6	5.9
2017	12.2	61.7	19.9	5.1
2018	12.2	62.5	19.5	4.8
2019	11.5	62.4	20	5

1995 年到 2003 年的不满增多，大概是由于这个时期发生了泡沫破灭、金融危机、组织改革等一系列问题，人们身处一个消极的变革期。

不满减少的 1974 年到 1985 年正是盛行 "Japan as Number One" 的时代。而 1989 年到 1995 年的不满减少则是由于泡沫破灭、地价下降，人们的生活重新回归安定。

2008 年到 2019 年雷曼危机之后，不满减少、满意度增加。这十年是通货紧缩逐渐固定的时代。虽然工资没有上涨，但物价有所降低，因此生活也较为稳定。

从图中可以明显看出，近年来日本国民的不满在逐渐减少。24%—25% 的不满度为历史最低水平（五个阶段中"比较不满"和"非常不满"的合计）。

从年龄来看，20—30 多岁男性的不满减少尤为显著。20 多岁男性的不满度在 1966 年到 1970 年大约为 42%，1971 年到 1975 年增加到 50% 左右，之后从 1976 年开始减少，1980 年达到 44%，1985 年进一步减少至 40%。1986 年到 1991 年由于泡沫经济，地价高涨，导致了不满增加，1991 年不满度达到 45%。

但是在 5 年后的 1996 年，不满度迅速减少到 27%。可能是受 1997 年到 1998 年亚洲金融危机的影响，1999 年的不满度又上升到 38%。2004 年之后再次减少，受 2008 年雷曼危机的影响，2009 年的不满度又有少许上涨，但之后总体呈现出减少倾向。2019 年不满度仅为 13%。30 多岁的男性也呈现出相同的趋势。

团块世代的不满增多

根据上述统计结果,从 1970 年安保运动①到浅间山庄事件②、第一次石油危机③结束后的一段时期内,20 多岁男性的不满度非常高,之后到泡沫时期不满度维持在 40% 以上。泡沫破灭之后,除了 20 世纪 90 年代末期与 21 世纪初期的金融危机时期,他们的不满度确实下降了。

1973 年时 20 多岁的青年主要是以 1944 年到 1953 年出生的团块世代为核心的。团块世代的年轻人认为表达对社会的不满是件很酷的事情。当时也是高速经济增长下矛盾逐渐显现的时代,交通事故、公共危害、住宅难等社会问题逐渐形成。在这样的时代背景下,年轻人的不满度高也是可以理解的。

1967 年到 1979 年,革新派经济学者美浓部亮吉担任东京都知事④,这 12 年刚好是 1947 年到 1949 年出生的团块世代从 20 岁成长为 30 多岁的 12 年。在此期间,团块世代经历了结婚生子,从东京都搬到郊外,

---

① 译者注:1970 年持续 10 年的新《日美安保条约》到期,为阻止条约更新而兴起的反对运动被称为第二次安保运动。

② 译者注:在 1971 年 7 月至 1972 年 3 月之间活跃于日本的激进组织——联合赤军,于 1972 年 2 月 19 日—2 月 28 日期间在长野县轻井泽町河合乐器制造公司的保养所"浅间山庄"所做的绑架事件。

③ 译者注:1973 年 10 月,第四次中东战争爆发,为打击以色列及其支持者,石油输出国组织的阿拉伯成员国于当年 12 月宣布收回石油标价权,使石油价格猛涨,从而触发了第二次世界大战之后最严重的全球经济危机,被称为第一次石油危机。

④ 除美浓部亮吉之外当时还有非常多革新派的知事或市长。代表人物有大阪府知事黑田了一(1971—1979 年在任)、三京都府知事蜷川虎(1950—1978 年在任)、神奈川县知事长洲一二(1975—1995 年在任)、横滨市长飞鸟田一雄(1963—1978 年在任)。

东京都内年轻人反叛的时代也随之结束。

年经人的不满逆转为中老年人群的不满

40多岁人群的不满度在第一次石油危机时超过50%，之后也几乎维持在40%以上。从20世纪90年代开始他们的不满逐渐减少，在1997年亚洲金融危机到2008年雷曼危机结束后的期间内又上升到40%以上，2010年之后再次减少。

50多岁人群与40多岁人群相似，虽然从1975年到1990年这段时间的不满度低于40多岁人群，但是20世纪90年代末期又与之持平，成为近年来不满最多的一代。

60多岁人群的不满度一直低于50多岁人群，但是2010年之后不满减少的幅度较小，到2019年成为所有年龄层中不满度最高的一代，其次是50多岁人群。图中虽然没有显示，但其实70多岁男性的不满更多。这大概是由于70多岁的团块世代对年金、医疗等福利政策的不满导致的。

从整体来看，近年来国民的不满有减少趋势。但是20世纪80年代末期之前年龄越小不满越多的趋势发生了转变，现在的趋势是年龄越大不满越多。

年轻男性的改变

20多岁男性中对生活不满的比例从20世纪70年代前期到现在的45年间，虽然受到经济危机的影响略有波动，但从整体上来看基本上是在持续减少的（图2-10）。为何年轻人不再对生活感到不满，这令中老年人感到不可思议。

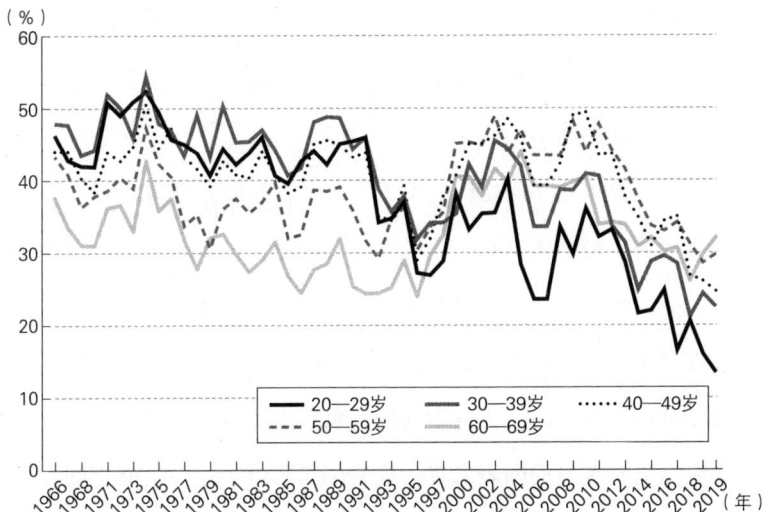

出处：三浦展根据日本内阁府"关于国民生活的世论调查"制作。

图 2-10　不同年龄层男性的不满度推移

20 世纪 60 年代末到 70 年代前期，在当时的政治环境下年轻人有较多不满是可以理解的。除了一部分富裕的年轻人，大部分的年轻人都过着贫困的生活。

20 世纪 80 年代的泡沫时期，年轻人对政治的关心减弱，能够在私生活中感受到幸福的时代到来。但即便如此，他们依然比中老年人有更多的不满。

但是现在，很显然拿不回缴纳的养老金的年轻人不再不满了。相比之下，能够切实地领取养老金的 60 多岁的老年人却有更多的不满，这真是一个令人费解的现象。

那么，为何现在的年轻人不再不满了呢？我想原因有以下三点：

第一，在日常生活中没有不满（即使有不满，至少表面上有很多可以消除不满的方法）；

第二，认为怀有不满本身就是一件不潇洒的事情（过去表达不满被认为是一件很酷的事情）；

第三，就算表达不满也改变不了什么，不如放弃不满。

受新冠病毒疫情的影响，年轻人也有可能会发生改变，但这要期待今后的调查结果（2020年由于新冠病毒疫情，内阁府未实施调查）。

女性通常比男性的不满更少，从长期趋势来看，不满的变化是相同的（图2-11）。但是由于男性不满的大幅减少，男女之间的差异也逐渐缩小。根据男女差异的图表来看，从1966年到1995年的30年间，男性比女性的不满多得多，特别是20世纪80年代20—40多岁的男女不满差异较大（图2-12）。从1995年到2019年，20—40多岁的男女差异逐渐缩小，近年来也出现了女性比男性不满更多的情况。

曾经是所谓的社会不满分子的年轻男性逐渐停止了抱怨，不再表达不满。而随着女性不断进入社会，由于各种性别问题而导致的女性不满正在逐渐增多。

年收入300万日元到400万日元的年轻人群体的满意度增加了

根据Mif从2011年到2020年对整体生活满意度的调查结果来看，男性"非常满意"和"比较满意"的总和自2016年以后逐渐增加（图2-13）。而女性却并非如此。

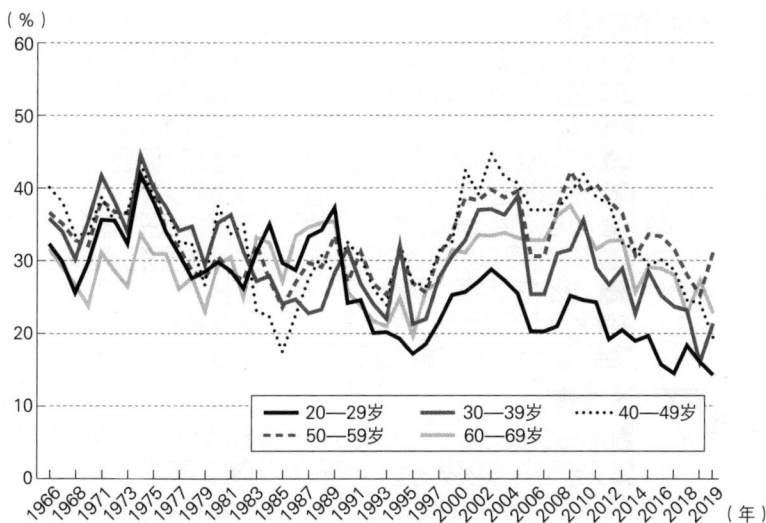

出处：三浦展根据日本内阁府"关于国民生活的舆论调查"制作。

图 2-11　不同年龄女性的不满度推移

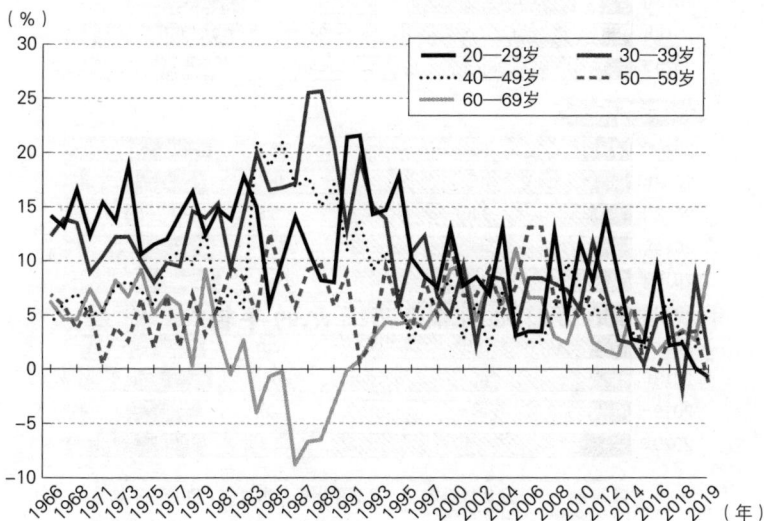

出处：三浦展根据日本内阁府"关于国民生活的舆论调查"制作。

图 2-12　不满度的男女差异推移

合计（%）

年份	满意	比较满意	说不出是否满意	比较不满	不满意	不知道
2011年	5	39	27	17	9	2
2012年	5	40	27	17	9	2
2013年	6	41	27	16	9	2
2014年	6	39	27	17	10	2
2015年	6	39	27	16	11	3
2016年	6	37	27	16	11	3
2017年	6	41	27	15	9	2
2018年	7	38	28	14	10	3
2019年	7	40	29	14	8	2
2020年	8	41	25	14	8	4

男 性（%）

年份	满意	比较满意	说不出是否满意	比较不满	不满意	不知道
2011年	4	34	29	20	11	2
2012年	4	35	29	20	10	2
2013年	4	37	29	18	11	2
2014年	4	35	29	18	12	2
2015年	5	34	29	17	13	3
2016年	5	33	29	17	13	4
2017年	5	37	29	16	10	3
2018年	6	34	30	15	11	4
2019年	5	36	31	15	9	3
2020年	7	38	28	15	9	4

女 性（%）

年份	满意	比较满意	说不出是否满意	比较不满	不满意	不知道
2011年	7	45	25	15	7	2
2012年	7	46	25	15	7	1
2013年	7	46	25	14	7	1
2014年	7	44	25	15	8	1
2015年	7	43	25	15	8	2
2016年	7	42	25	15	9	2
2017年	8	45	25	15	8	1
2018年	8	43	26	14	8	2
2019年	8	44	26	13	7	2
2020年	9	45	23	13	7	3

■ 满意　▨ 比较满意　□ 说不出是否满意　■ 比较不满
▩ 不满意　▥ 不知道

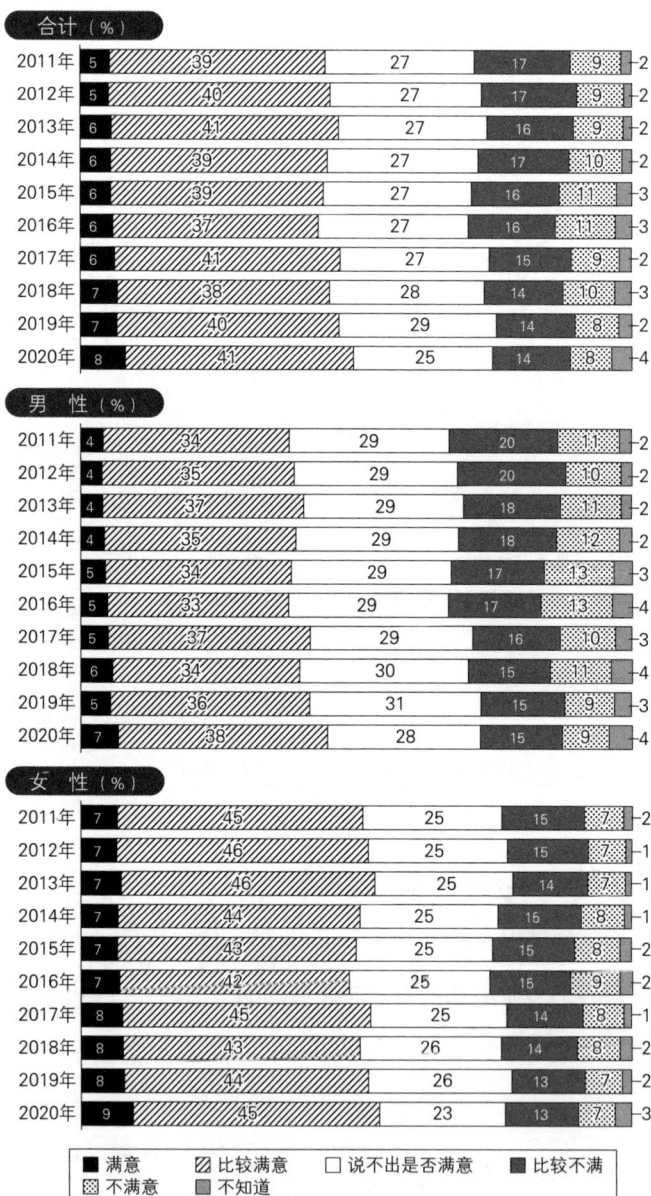

出处：三菱综合研究所 "生活市场预测系统"。

图 2-13　整体生活满意度推移（按性别分类）

从收入方面来看，年收入 500 万日元以上的人群满意度并没有太大波动，而年收入 100 万—400 多万日元的人群满意度却呈现出逐渐上升的倾向（图 2-14）。

接下来，从年龄方面来看不同收入人群的满意度。在 20 多岁人群中，年收入为 100 万—300 万日元的阶层在 2012 年的满意度为 38%，2017 年到 2018 年为 42%，2019 年为 44%，2020 年为 47%。而年收入不足 300 万日元的阶层在 2013 年的满意度为 44%，2019 年为 49%，2020 年为 50%。年收入 400 多万日元的阶层在 2012 年的满意度为 46%，2019 年和 2020 年均为 54%。另外，在 30 多岁的人群中也可以看到同样的倾向（图表省略）。

可见 20—30 多岁且年收入为 400 多万日元的阶层，满意度在上升。这与阶层意识的推移中呈现的趋势相同，说明即使收入较低，也能够享受生活的人增多了。

2011 年之后消费税从 5% 增长到 8%，甚至 10%，还增加了为东日本大地震设置的复兴税。从消费生活的实际情况来看，人们在金钱方面应该是更加困难了。然而事实却是低收入阶层的满意度上升了。

从不同阶层意识人群的满意度（"非常满意"和"比较满意"的合计）推移来看，在阶层意识为"中下"和"下"的人群中这种倾向更为明显（图 2-15）。特别是阶层意识为"中下"的人群满意度持续上升。如此看来，似乎下流也能够得到满足的社会形成了。这也许是与年收入 300 多万—400 多万日元的阶层中，阶层意识为"中下"的人数减少相呼应的现象。

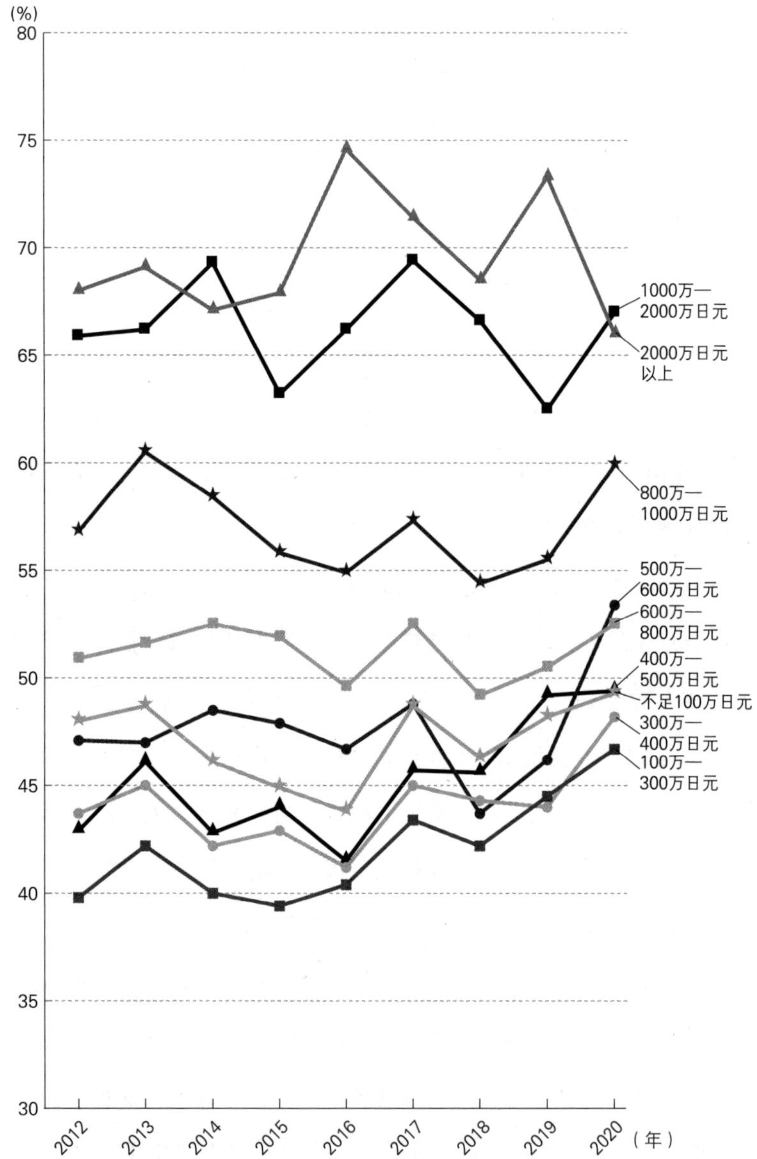
(%)
80
75
70
65
60
55
50
45
40
35
30
2012
2013
2014
2015
2016
2017
2018
2019
2020
（年）
1000万—
2000万日元
2000万日元
以上
800万—
1000万日元
500万—
600万日元
600万—
800万日元
400万—
500万日元
不足100万日元
300万—
400万日元
100万—
300万日元

出处：三菱综合研究所“生活市场预测系统”。

图 2-14　不同年收入群体对整体生活的满意度推移

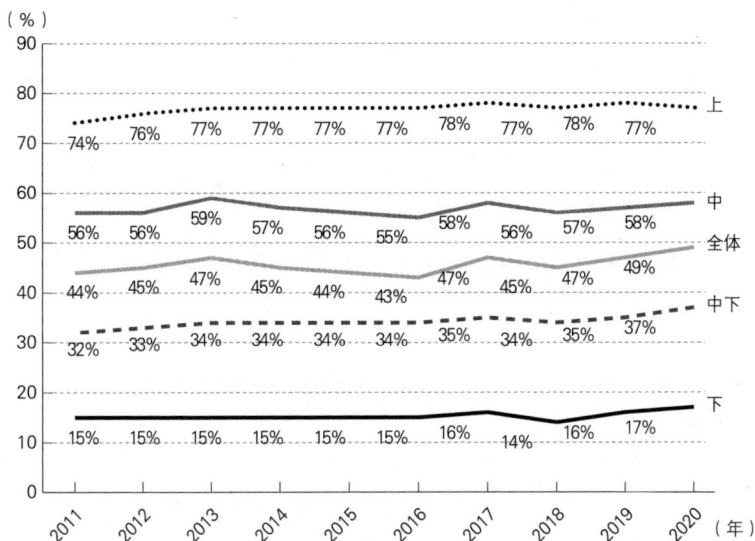

出处：三菱综合研究所"生活市场预测系统"。

图 2-15　20—60 多岁不同阶层意识人群对整体生活满意度的推移

　　仅从 20 多岁人群来看，自 2011 年起，阶层意识为"上"的人群满意度逐年攀升。从 2011 年的 62% 上升到 2020 年的 71%（图 2-16）。阶层意识为"中"和"中下"的人群满意度也从 2016 年开始出现上升倾向。阶层意识为"下"的人群满意度从 2014 年开始持续上升。可见所有阶层意识的 20 多岁年轻人群对整体生活的满意度都在上升。

　　不满的消除本身是件好事。菅直人担任总理大臣时曾提出过"最大多数的最小不幸"的口号。也就是说要尽量减少尽可能多的人的不幸。

　　虽然我不认为这是菅直人的贡献，但是就日本近几年的现状来说，与其说实现了"最大多数的最大满足"，不如说正在朝着实现"最大多数的最小不满"前进。

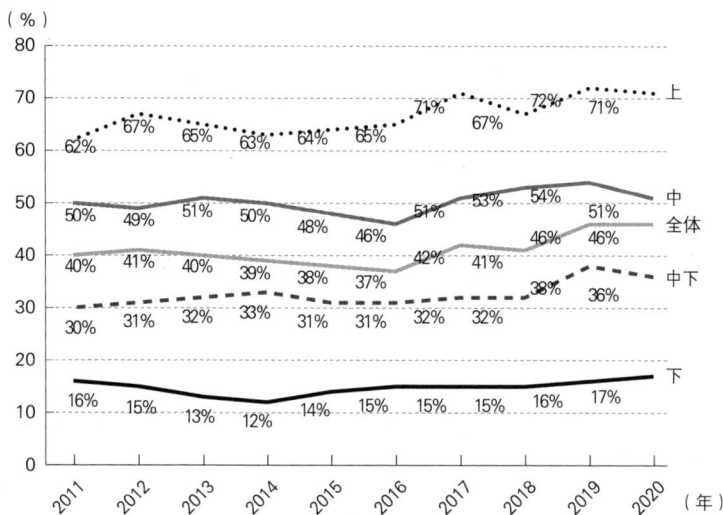

出处：三菱综合研究所"生活市场预测系统"。

图 2-16　不同阶层意识的 20 多岁人群对整体生活满意度的推移

父母和孩子能在一起开心地吃饭就满足了

　　那么人们是通过生活中哪方面的满足达到满意度的提升的呢？从家庭、饮食、服装、居住环境、生活安全度等不同项目类别的满意度来看的话，会发现并没有哪一方面的满意度有显著提高（图 2-17）。甚至对于工作或学业的满意度从 2011 年到 2020 年有减少倾向。但是从整体来看，除了 2020 年新冠病毒疫情的影响外，满意度的上升趋势并没有太大波动。

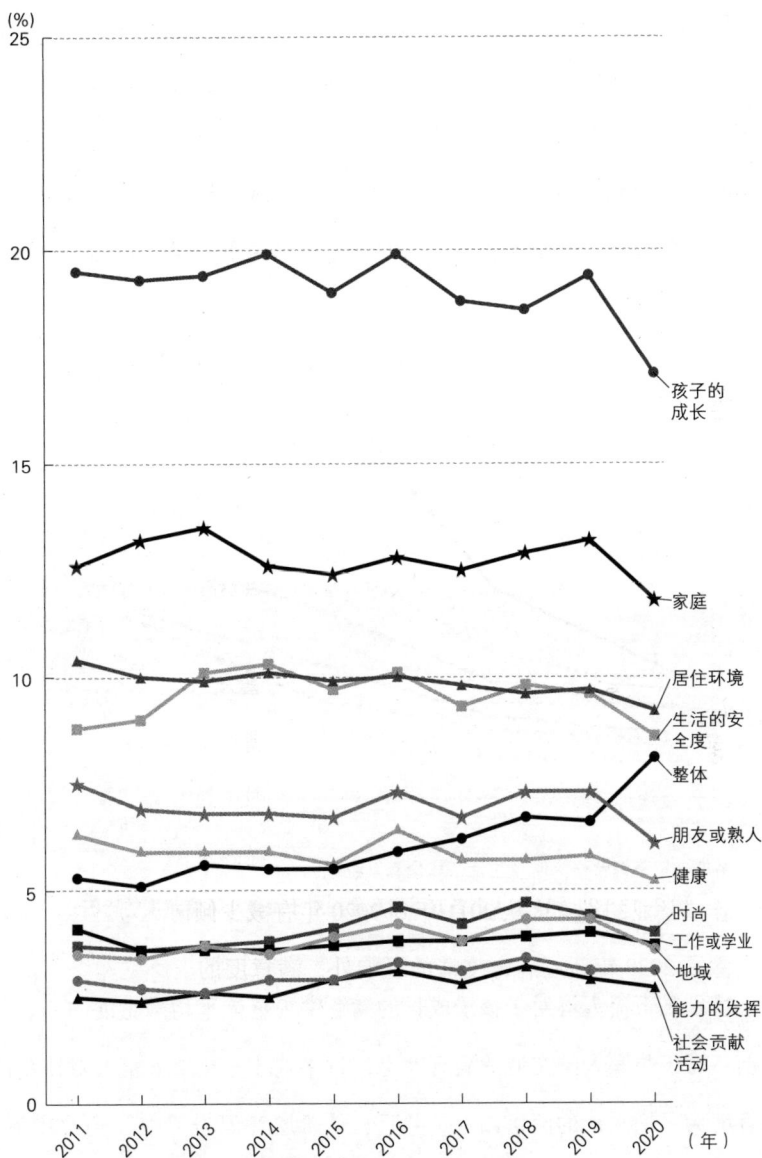

出处：三菱综合研究所"生活市场预测系统"。

图2-17 20—60多岁人群各方面满意度的推移

因此，我们将整体生活满意度的五个阶段中满意度最高的"非常满意"的数值设为100，对不同阶级意识人群对饮食、服装、居住环境、休闲娱乐方式等各项回答"非常满意"的人数进行比较（图2-18）。可以看到，中流到下流的人们对于孩子的成长、休闲娱乐方式、与朋友的交往、居住环境、邻里关系各方面的满意度都高于整体生活满意度。

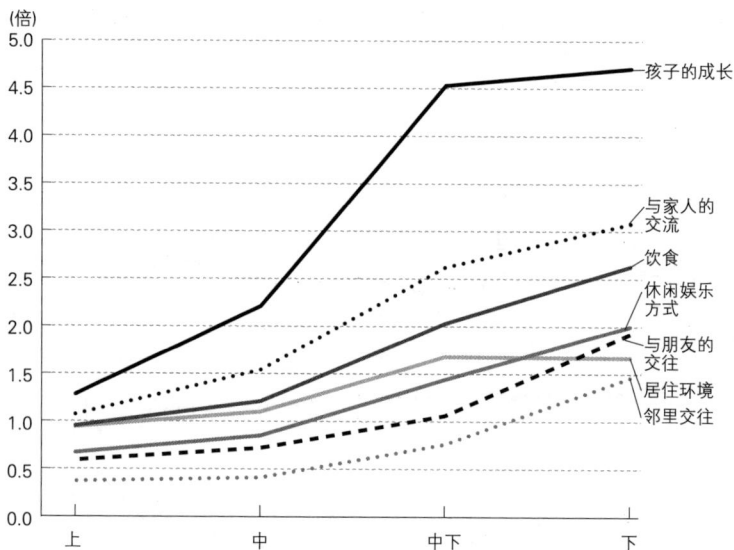

出处：三菱综合研究所"生活市场预测系统"。

图2-18　25—54岁人群各方面满意度相对于整体生活满意度的比例
（不同阶层意识）

特别是下流人群对于孩子成长的满意度为全体平均满意度的四五倍以上。对于与家人的交流的满意度也超过平均水平的2.6倍。对饮食的满意度为平均水平的两倍以上。并且，从阶层意识为"中"到"中下"的人群满意度上升较快。可见大多数人"只要父母和孩子能在一起开心地吃饭就满足了"，在我看来这是非常健全的价值观。

另外，上流人群对于与家人的交流、饮食、休闲娱乐，与朋友的交往，居住环境和邻里关系的满意度都是全体平均水平的 1 倍左右。对于整体生活满意度的上升并没有产生什么影响。虽然对于孩子的成长和与家人的交流等方面的满意度高于平均水平，但与下流人群相比，其对于整体生活满意度的提升，显然贡献不足。

对于阶层意识为"中"到"中下"的人们来说，没有孩子和不结婚等现实情况也拉低了他们的生活满意度。

由此可见，国民能够结婚生子，孩子能顺利成长，对于提高整体国民的满意度是多么重要。因此，解决少子化问题和不婚问题是特别重要的，其重要程度甚至远超我们的想象。

"第四消费"提高了满意度

为了更加详尽地把握年轻中流的特征，我们通过不同行为人群的整体生活满意度来探究 20 多岁年轻人满意度升高的原因。20 多岁人群整体生活满意度为 9.6%，而我们选择了比这个比例更高的，满意度超过 13%的行为人群进行比较，通过图表研究这些行为人群从 2011 年到 2020 年"非常满意"的比例推移（图 2-19）（不包括"比较满意"，原则上选择的行为人群都是当年样本数量超过 100 的样本）。

从图表中可见，满意度较高的行为是在博客/SNS 发布信息，在他人的博客/SNS 留言、在家喝茶或咖啡时要从茶叶或咖啡豆开始冲泡（及类似行为）、想（或特别想）过极简的生活、比起流行更注重商品的性能，这些行为人群的满意度都在 16%以上。另外虽然"利用过民宿"这一行为人群的数据仅有过去三年的数据，但满意度也比较高。

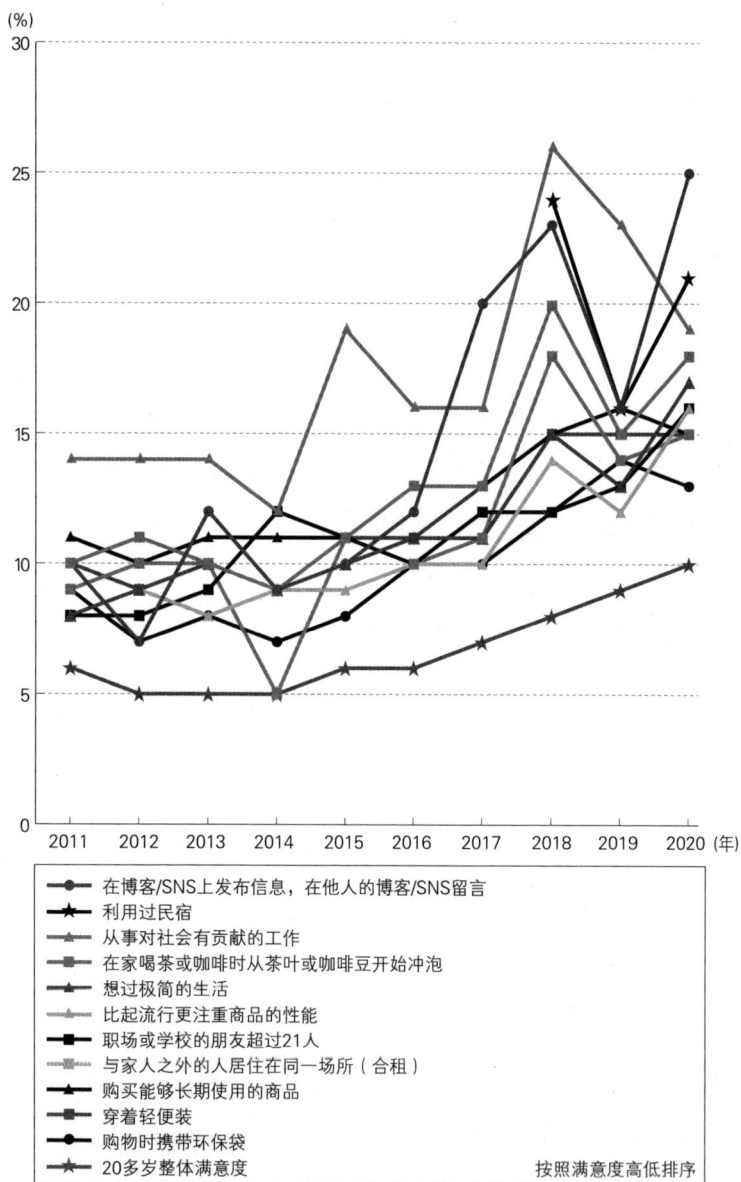

出处：三菱综合研究所"生活市场预测系统"。

图 2-19　20g 多岁的不同行为人群整体生活满意度的推移

也就是说，支持这十年间流行起来的事物的行为与生活满意度之间存在一定的联系。这些都是与农村志向、人际关系志向、简单志向、环保志向、生活志向等"第四消费"相关的行为（参考拙作《第四消费时代》）。

"个人志向"的强度

接下来，对与人生观有关的项目进行分析。

在本次调查中，我们设置了"人生中最重要的价值观是什么"这一问题，并提供了六个选项，收集了调查对象的回答（下称"人生观"）。

在这一问题的设置上，我们参考了 NHK 放送文化研究所从 1973 年起每隔五年进行一次的"日本人的意识调查"，并在其原有选项中增加了两个选项。

在"日本人的意识调查"中有以下四个选项：

快志向（现在志向×个人志向）	自由快乐地度过每一天
爱志向（现在志向×社会志向）	与身边的人安稳地度过每一天
利志向（将来志向×个人志向）	制定详细的计划，创造充实丰富的生活
正志向（将来志向×社会志向）	与大家齐心协力使社会变得更加美好

但是，"与身边的人安稳地度过每一天"这一价值观在今天看来似

乎并不属于"社会志向"。但在 1973 年时封建的价值观还比较根深蒂固，相亲结婚也比较普遍，因此与家人朋友安稳地生活对于当时的年轻人来说似乎是一种新型的社会理想，从这个意义上来说，也可以称之为"社会志向"。

本次调查的对象是 25—54 岁人群，他们在 1973 年时年龄最大的也不超过 7 岁，而且大部分的人还没有出生，几乎都是在"爱志向"扩大的社会中成长起来的（1973 年国民整体的爱志向为 31%，2018 年为 46%）。被像朋友一样的父母养大，亲子关系更像朋友。

而对于现在的国民来说，"与身边的人安稳地生活"这样的价值观，比起社会志向应该更接近于个人志向。

因此，本次调查将 NHK 调查中的"社会志向"进一步划分为"家族志向"和"社会志向"，将"爱志向"中与家族相关的选项解释为"与家人朋友关系良好"。另外还增加了"家族志向"与"将来志向"的选项，解释为"结婚生子并为孩子提供良好的教育，促进家族的发展"，也就是"家志向"的价值观。

这样一来就需要将"将来志向×社会志向"一分为二，将与 NHK 调查中的"正志向"相似的选项解释为"尽量使社会向正确的方向改变"，除此之外，还增加了"现在志向"较强的"和平志向"，解释为"社会全体的和平"。

快志向（现在志向×个人志向）　　优先做自己喜欢的事情，开心地度过每一天

爱志向（现在志向×家族志向）　　与家人朋友保持良好的关系

和平志向（现在志向×社会志向）　社会全体的和平

利志向（将来志向×个人志向）　　提高收入，增加存款和资产

家志向（将来志向×家族志向）　　结婚生子并为孩子提供良好的教育，促进家族的发展

正志向（将来志向×社会志向）　　尽可能使社会向正确的方向改变

整体调查结果如下（表2-2）：

快志向……36%

爱志向……30%

和平志向……10%

利志向……12%

家志向……8%

正志向……3%

可见选择"个人志向"人生观的（快志向、爱志向）是最多的。从结果来看，似乎应该把"快志向"再分为两个选项。另外，从"爱志向"中分离出的"家志向"仅有8%。

我原本以为"和平志向"的人应该会比较多，但实际上只有10%。在日本社会中和平好像是毋庸置疑的事情。对于和平志向的理解，似乎比起社会和平，人们更多考虑的是与家人朋友在一起安稳地生活。

表2-2　不同性别/收入人群的人生观

		人数	快	爱	和平	利	家	正
男性	合计	1282	36%	26%	11%	15%	9%	4%
女性	合计	1241	36%	35%	10%	9%	8%	2%
未婚男性	合计	628	48%	14%	13%	17%	2%	5%
	不足200万日元	233	52%	12%	15%	15%	2%	4%
	200万—400万日元	183	43%	16%	9%	20%	3%	9%
	400万—600万日元	124	44%	15%	15%	20%	2%	4%
	600万日元以上	57	56%	12%	18%	12%	0%	2%
已婚男性	合计	615	22%	39%	8%	12%	16%	4%
	不足200万日元	22	23%	41%	18%	18%	0%	0%
	200万—400万日元	98	28%	32%	5%	16%	15%	4%
	400万—600万日元	208	24%	38%	7%	12%	14%	5%
	600万日元以上	262	20%	42%	9%	9%	18%	3%
离异男性	合计	37	51%	5%	14%	14%	8%	8%
未婚女性	合计	458	52%	24%	9%	11%	2%	2%
	不足200万日元	189	50%	26%	13%	8%	1%	3%
	200万—400万日元	161	56%	23%	6%	11%	3%	3%
	400万—600万日元	43	35%	26%	5%	30%	5%	0%
	600万日元以上	28	68%	11%	7%	14%	0%	0%
已婚女性	合计	708	25%	43%	11%	7%	13%	2%
	不足200万日元	520	23%	43%	12%	6%	14%	2%
	200万—400万日元	95	34%	45%	7%	8%	3%	2%
	400万—600万日元	42	19%	41%	10%	14%	17%	0%
	600万日元以上	19	32%	47%	0%	0%	21%	0%
离异女性	合计	69	46%	29%	6%	15%	1%	3%

出处：下流社会 15 年后研究会 "现代日本人的意识和价值观调查" (2020)。

战后日本社会的最大价值在于实现和维持了社会的和平。而这有多么不易，从当今的世界形势就能看得出来。从世界各地来到日本的人们都感动于日本的和平和日本人的亲切。比起商品和餐饮的价格，这才是更重要的。如果日本不安全，日本人很卑劣，那么无论价格多么便宜，也不会有这么多的游客。

我猜测也许今后日本便宜的物价会有一些上涨，但即使上涨三成或五成，只要日本社会依然安定，日本人依然亲切、礼貌和热情，那么外国游客就不会减少。

由婚姻状况导致的人生观差异

下面我们来分析不同性别人群的人生观。在女性中"爱志向"为35%，占比较多（男性为26%），而男性中"利志向"更多，占15%（女性为9%）。由此也能够看出日本人男主外女主内的性别观。

从不同年收入人群来看，年收入不足200万日元的男性中"快志向"占比高达49%，这主要是这一收入水平的年轻人较多的缘故。年收入600万日元以上的男性中"爱志向"更多，占比为36%，"家志向"为14%，也比较多。这主要是在这一收入水平的已婚人士较多的缘故。

从婚姻状况来看，无论男女，未婚和离婚人群的"快志向"高达50%左右。年收入400万—600万日元的未婚女性人群中，"利志向"占比最多为30%。已婚男女中"爱志向"和"家志向"都比较多，但已婚男性与已婚女性相比，"爱志向"略少（男性39%，女性43%），"家志向"略多（男性16%，女性13%）。可见单身男女的"快志向"都比较强烈，一旦结婚生子他们则会转向"爱志向"和"家志向"。原本"爱志向"和"家志向"强烈的人更倾向于结婚。未婚女性随着收入上涨，就会和男性一样有较强的"利志向"。另外，离婚人群也会再次回到"快志向"。

也许有读者会对这个以金钱为中心的世界中"利志向"很少感到意外。这可能是由于本次调查的并非企业价值观，而是个人的人生观。并且人们在结婚有家庭后，"爱志向"和"家志向"也会增强，所以才会出现这样的结果。

中老年人群逐渐丧失了对于"把社会变得更好"这件事的关心

选择"正志向＝尽可能使社会向正确的方向改变"的人只占全体的3.2%，如此低的比例也令人十分惊讶。实际上，在 NHK 的调查中选择"正志向＝与大家齐心协力使社会变得更加美好"的人数近年来也有所减少。在调查开始的 1973 年时，选择"正志向"的人数比例是 14%，而在最近一次 2018 年的调查中这个比例降低至 4%（表 2-3）。

表2-3 四种志向的推移

生活的目标因人而异，在下表的分类中与你的生活目标最接近的是哪个？

	（略称）	1973年	1978年	1983年	1988年	1993年	1998年	2003年	2008年	2013年	2018年
自由快乐地度过每一天	快志向	21.0	19.9	22.4	25.0	23.0	25.1	24.1	24.0	25.6	25.6
制定详细的计划，创造充实丰富的生活	利志向	32.5	30.7	31.9	28.5	28.6	25.5	26.0	23.5	22.9	23.5
与身旁的人安稳地度过每一天	爱志向	30.5	35.2	35.4	38.5	39.7	41.4	41.4	45.1	45.0	45.9
与大家齐心协力使社会变得更美好	正志向	13.8	12.7	9.1	6.5	6.6	6.5	6.7	5.6	5.3	4.2
其他		0.3	0.2	0.2	0.3	0.3	0.2	0.2	0.3	0.2	0.1
不知道未回答		2.0	1.4	1.0	1.2	1.7	1.2	1.7	1.5	1.0	0.7

出处：NHK 放送文化研究所《日本人的意识》调查。

降幅较大的是在 20 世纪 80 年代。从 1973 年的 13.8%、1978 年的 12.7% 急剧减少到 1983 年的 9.1%、1988 年的 6.5%。在 "Japan as Number One""高度消费社会""泡沫经济""日本引领世界和平"的"黄金 80 年代","把世界变得更好"这种愿望的衰退也是可以理解的。

但是在泡沫破灭后的 20 世纪 90 年代之后,"正志向"并没有增多。甚至在 2003 年以后进一步减少。可见日本人正在丧失对于"把世界变得更美好"这件事的关心。

为了进一步论证"正志向"的减退是由于年轻人"正志向"减弱,还是由于所有年龄段的"正志向"减弱导致的,我们希望能够得到不同年龄人群的详细数据。但是 NHK 放送文化研究所拒绝将相关数据公开,因此我们又查阅了 NHK 书籍《现代日本人的意识构造》的各年度版本,并从中发现,16—29 岁人群的"正志向"从 1973 年的 6% 减少为 2018 年的 3%。30—59 岁人群的"正志向"也从 16% 大幅减少到 3%。60 岁以上人群的"正志向"则从 23% 减少到 6%,同样有很大幅度的减少。由此可见,比起年轻人,30 岁以上人群的"正志向"减幅更大。

这样看来,年轻人的价值观从学生运动时代开始的 1973 年到现在并没有太大变化,他们的"正志向"一直都很低。

变化最大的是中老年人群。1973 年时的 30—59 岁人群出生于 1914—1943 年,他们出生的年代也是大正时代的战争时期。他们是奔赴战场的一代,是在战争中苦于温饱的一代,是能够强烈感受到战后和平珍贵的一代，是参加了 1960 年安保斗争①的一代。而 1983 年的 30—59 岁人群中加入了 1953 年之前出生的人群，他们也是在大学、高中时代经历了学园纷争的一代。

而 2018 年时的 30—59 岁人群生于 1959—1988 年，包含新人类世代、泡沫世代、团块青年以及初期的宽松世代。新人类世代、泡沫世代也被认为是远离学生运动，转向关心消费的一代人。

1973 年的 60 岁以上人群几乎都出生于明治时代，1983 年的 60 岁以上人群中加入了大正时期出生的人，而 2018 年的 60 岁以上人群则是出生于 1958 年以前的人。

因此可以把他们的特征大致概括为，1973 年的中老年人是体会过战争痛苦的一代。而 2018 年的中老年则是没有经历过战争的一代（即只知道战后富裕社会的一代）。在对比之下，我们也就比较容易理解为何把世界变得更美好的正志向会大幅减少了。

可见，并不是年轻人的正志向改变了，而是以中老年为主的世代交替导致了日本人整体正志向的减弱。或许这种中老年人群正志向的衰退也导致了近年来政治家和官僚逐渐失去民心。

对竞争主义、成果主义、全球化持否定态度

下面我们来分析人们的日本认知。在本次调查中我们设置了"你对现在及将来的日本有怎样的看法"这一问题，并请调查对象从 173 个选项中进行选择且可以选择多项（表 2-4）。

---

① 译者注：1959 年到 1960 年，为反对《日美安全保障条约》缔结而发生的大规模游行示威活动。自民党等政权也称之为"安保骚动"。

表2-4 日本认知

请从下面选项中选出与你对现在及今后的日本看法相近的选项，多选。

第1位	对年金/医疗费等社会保障感到不安	36.0%
第2位	网络上的诽谤中伤非常严重	34.6%
第3位	认真工作的人应该得到回报	33.2%
第4位	政治家的素质/能力低下	31.5%
第5位	喜欢投诉的人增多，令人困扰	29.5%
第6位	贫富差距正在扩大	28.3%
第7位	对年老后的社会感到不安	28.2%
第8位	有很多黑心企业	27.9%
第9位	人们过度集中于东京	26.2%
第10位	在教育上花费过多	24.4%
第11位	应该提高有钱人的税金	24.3%
第12位	人们在SNS上的发言变得很有攻击性	24.1%
第13位	应该减少普通人的税金	23.9%
第14位	少子化对策失败了	23.3%
第15位	老年人更加任性了	23.0%
第16位	关于金钱和经济的教育不足	22.6%
第17位	应该实现能够安心养老的福祉社会	22.4%
第18位	个人信息容易被盗	21.1%
第19位	对新冠病毒等新型疾病的应对迟缓	20.6%
第20位	应该重新审视仅仅为了延续生命的医疗制度	20.3%
第21位	外交能力薄弱	20.1%
第22位	每天疲于奔命	19.7%
第23位	电视节目很愚蠢	19.7%
第24位	日本的社会有闭塞感（看不到出路的感觉）	19.6%
第25位	对中国/朝鲜/韩国政策软弱	19.4%
第26位	老年人增多导致年轻人的负担越来越重	19.2%
第27位	治安恶化	19.1%
第28位	老年人看护对策迟缓	18.9%
第29位	土地和住宅的价格过高	18.3%
第30位	对虐待儿童问题的对策迟缓	18.1%

（续表）

第31位	个人难以拥有梦想和希望	17.7%
第32位	应该保障上班族以外的工作方式也能够让人们过上安稳的生活	17.6%
第33位	过于在意他人的看法	17.6%
第34位	性骚扰、职场霸凌变多	17.5%
第35位	NHK支持特定政权是个问题	17.3%
第36位	对儿童教育/保育/贫困等问题的支援不足	17.2%
第37位	对全球变暖/气候异常/节能等问题的对策迟缓	17.0%
第37位	由于网络等原因，个人的隐私开始受到侵害	17.0%
第37位	应该消除对LGBT（同性恋等）的歧视	17.0%
第40位	对失业人员的支援政策不足	16.7%
第41位	礼仪和语言太随便	16.5%
第42位	应该增加年轻人在政治家等社会核心人群中的比例	16.4%
第42位	日本人不再替他人着想	16.4%
第44位	应该创造出即使不结婚也能过上幸福生活的社会	16.3%
第45位	道德教育不足	16.2%
第46位	应该缩小正规和非正规雇用人员在收入、待遇、休假等方面的差距	16.1%
第46位	在现在的社会中有空虚感	16.1%
第48位	应该重新评价日本传统的匠人文化	15.8%
第49位	对居住在日本的外国人增多感到不安	15.7%
第50位	消费者过于嚣张	15.3%
第51位	应该减少公务员数量	15.2%
第52位	只要还健康就想一直工作	15.0%
第53位	大众媒体和广告诱导舆论是一个问题	14.9%
第54位	应该摆脱对核电站的依赖	14.7%
第54位	冲动发言或行为不理性的人变多了	14.7%
第56位	报纸/新闻业变差了	14.6%
第56位	希望能通过带薪休假或远程办公享受时间和空间的自由	14.6%
第58位	男性做家务和育儿的时间太短	14.5%
第58位	觉得相亲结婚也很好	14.5%
第60位	NHK像商业电视台一样愚蠢	14.3%

（续表）

第61位	官僚支配过强	14.2%
第61位	应该允许夫妻不同姓	14.2%
第63位	政治或经营高层中女性太少	13.9%
第64位	应该构建即使贫穷也能拥有丰富内心的社会	13.7%
第65位	日本需要强有力的领导者	13.6%
第66位	生活保护制度实施过度，应该减少受保护的家庭数量和支付金额	13.5%
第67位	有钱人并没有为社会和文化作出贡献	13.4%
第67位	应该保护国内农业	13.4%
第69位	应该创造能够为女性提供更好的工作条件和更高收入的社会	13.3%
第69位	在近邻社会中喜欢抱怨的人变多了	13.3%
第69位	应该创造单亲家庭孩子也能不受歧视的社会	13.3%
第72位	日本人越来越不认真负责了	13.0%
第73位	应该允许个人价值观和生活方式的多样性	12.8%
第74位	社会中的规则/秩序正在逐渐消失	12.4%
第75位	没有能够全面提升普通儿童能力的教育支援	12.0%
第75位	希望能够变成不工作也能生存下去的社会	12.0%
第77位	不喜欢知名广告公司左右流行趋势	11.9%
第78位	不了解战争的日本年轻人越来越多，这是很危险的	11.8%
第79位	应该取消正规雇用和非正规雇用的区别，让大家都能选择适合自己能力和生活方式的工作	11.7%
第80位	有嫉妒成功人士的倾向	11.1%
第81位	应该维持地方的自然环境和悠闲的生活	11.0%
第82位	绝对的男女平等很麻烦	10.9%
第82位	与邻里交往非常麻烦	10.9%
第82位	便利店、家庭餐厅、购物商场等全国连锁店越来越多，很无聊	10.9%
第85位	应该摆脱对美国的依赖	10.8%
第86位	应该将古老的城镇巧妙地运用到城市建设中	10.6%
第87位	军事能力太弱	10.5%
第88位	一旦失败就全部是自己的责任，这种自我责任论的想法过多	10.3%
第89位	社会和法律/制度等过于复杂难以理解	10.2%
第90位	无论多大年龄都希望有恋爱和与异性交往的自由	10.1%

（续表）

第90位	面对面表达自己的主张、讨论不同的意见变得越来越难	10.1%
第92位	正规雇用的员工如果拿不出成果，也应该被解雇，并让有能力的非正规雇用员工取而代之	9.9%
第93位	希望将日本文化中传统的季节感带回生活中	9.8%
第93位	对冰河期世代/失去的一代的支援不足	9.8%
第95位	应该在地方增加各种各样的人才并提供给他们能够工作的场所	9.7%
第96位	对各种各样的价值观、文化、人种的宽容度不足	9.6%
第97位	难以取得育儿休假	9.5%
第97位	应该提供残障人士的就业支援	9.5%
第99位	生活保护等维持最低限度生活的政策不足	9.4%
第99位	应该提高国内农业的国际竞争力	9.4%
第101位	随着网络、游戏、IT、AI、机器人等的发展，人性可能会减弱	9.3%
第102位	琐碎的规则/文书/禁止事项等增多，非常麻烦	9.1%
第102位	应该促进大阪等地方大城市的人口增加，与东京平衡发展	9.1%
第104位	随着IT的发展，存在个人隐私泄露或个人自由被限制的风险	9.0%
第105位	现在的社会过于看重学历	8.9%
第105位	应该提高人均GDP，维持和发展丰富的消费社会	8.9%
第107位	应该培养爱国心	8.8%
第108位	应该保证最低限度的收入，减少过度竞争	8.7%
第109位	对恋爱和结婚没有什么兴趣	8.6%
第110位	人们在SNS上只看与自己意见相同的信息，视野狭窄	8.5%
第111位	学校教育与大学研究对现实社会没有用	8.2%
第111位	促进结婚的政策迟缓	8.2%
第111位	不承认同性婚姻是个问题	8.2%
第114位	应该拓展更多的商业机会	8.1%
第115位	经济至上主义、效率主义、弱肉强食的思想过于泛滥	7.9%
第115位	应该在地方增加消费/娱乐场所	7.9%
第117位	日本人过于悠闲	7.8%
第118位	大企业不再发挥作用	7.6%
第118位	民主主义的重要性被忽视	7.6%
第118位	应该保护表达的自由	7.6%
第121位	应该使用新技术使生活变得更加便利舒适	7.5%

（续表）

第122位	应该提高地区和邻里生活的丰富性	7.3%
第123位	在各个领域管理强势，令人窒息	7.2%
第124位	应该培养创新企业	7.1%
第125位	两党制等新型政治体制难以实现是个问题	7.0%
第125位	新技术不断涌现，跟不上技术发展的脚步	7.0%
第127位	中老年人离婚，一个人自由生活的情况变多	6.9%
第128位	人应该结婚生子	6.8%
第128位	墨守成规的人过多	6.8%
第130位	地域社区正在瓦解	6.7%
第130位	可以不必拘泥于一夫一妻制的生活方式	6.7%
第130位	与邻里的交流不足	6.7%
第133位	土地的重新开发仅用于建造高层办公楼或公寓等，缺乏新意	6.5%
第133位	个人的自由过多	6.5%
第133位	应该把男性的育儿休假义务化	6.5%
第136位	AI和机器人的发展可能导致失去工作，对此感到不安	6.4%
第136位	应该让AI、机器人承担更多的工作	6.4%
第136位	男子汉气概和女人味儿正在逐渐消失	6.4%
第136位	担心自己的言行有可能通过网络被别人知道，从而控制自己的言行	6.4%
第140位	希望父母与孩子能住得近一点，大家庭悠闲地生活在一起	6.3%
第140位	除了家和公司，无处可去	6.3%
第142位	希望有人能够告诉自己什么样的职业需求高并且工作机会多	6.0%
第143位	尽量不要离婚	5.9%
第143位	应该普及个人身份号码	5.9%
第143位	便利店、家庭餐厅、购物商场等全国性连锁店很方便	5.9%
第143位	想过务农生活	5.9%
第147位	表达过于自由，应该有一定程度的限制	5.8%
第148位	培养能够在社会各方面起领袖作用的精英的教育不足	5.5%
第149位	国民应该通过游行/演讲/YouTube等方式增加政治性发言	5.3%
第150位	应该促进观光产业的发展	5.2%
第151位	希望商品和服务更具多样性	5.0%

（续表）

第151位	认为没有被正规雇用的人一定有能力或性格方面的问题	5.0%
第153位	应该以大学和高中为主，扩大线上教学	4.7%
第154位	为了增强大城市的防灾能力，应该进一步推进重新开发	4.6%
第155位	挑战自己想做的事情正在逐渐被社会所接受	4.4%
第155位	有可能会发生不得已的战争	4.4%
第157位	仅凭民主主义无法在世界中取胜	4.1%
第158位	多样化发展过度，社会的统一性/共同性不足	4.0%
第158位	职业或生活方式的选择过多，反而导致不安	4.0%
第160位	即使在一定程度上牺牲个人隐私，也应该优先行政和社会的发展	3.8%
第161位	三连休增多妨碍了工作和学习	3.7%
第162位	应该从年轻时就根据能力和业绩拉开收入差距	3.2%
第162位	应该彻底贯彻成果主义，即使都是正规雇用也应该拉开收入差距	3.2%
第164位	希望有政策支持住宅改造、允许在自己家开店或开办学习班	2.9%
第165位	希望待客等服务能更加充实	2.8%
第166位	失败是自我责任的意识不足	2.6%
第167位	应该增加外国游客	2.5%
第168位	即使在一定程度上牺牲个人隐私，也希望生活能够变得更加便利	2.3%
第169位	应该引进更多外国劳动者	2.2%
第169位	日本社会虽然发展缓慢，但依然在朝着好的方向发展	2.2%
第171位	应该促进东京的世界都市化	1.9%
第172位	希望通过共享住宅等方式，与其他人也能够像家人一样在一起生活	1.8%
第173位	政治的事情交给政治家和官僚就好了	1.2%

出处：下流社会 15 年后研究会 "现代日本人的意识与价值观调查"（2020）。

我们将每四个人中就有至少一人选择的日本认知选项，按照从多到少的顺序排列如下：

对年金/医疗费等社会保障感到不安……36%

网络上的诽谤中伤非常严重……35%

认真工作的人应该得到回报……33%

政治家的素质/能力低下……32%

喜欢投诉的人增多，令人困扰……30%

贫富差距扩大……28%

对年老后的社会感到不安……28%

有很多黑心企业……28%

人们过度集中于东京……26%

相反，被选择较少的日本认知选项是：

政治上的事情交给政治家和官僚等就好了……1.2%

即使泄露一些隐私，也希望生活变得更方便……2.3%

即使在一定程度上牺牲个人隐私，也应该优先行政和社会

的发展……3.8%

等选项。可见人们的隐私意识很高，对政治家并不信赖。

另外，从以下选项的调查结果中还可以看出人们对于竞争主义、成果主义、新自由主义价值观较为抗拒。

失败是自我责任的意识不足……2.6%

应该从年轻时就根据能力和业绩拉开收入差距……3.2%

应该贯彻成果主义，即使都是正规雇用也应该拉开收入差

距……3.2%

并且，从以下选项的调查结果中还能看出，人们对于全球化和引进外国人并不积极，可见人们的思想依然比较保守。

应该促进东京的世界城市化……1.9%

应该引进更多外国劳动者……2.2%

政治上的事情交给政治家和官僚等就好了……2.5%

除此之外，"民主主义的重要性被忽视"为7.6%，"仅凭民主主义无法在世界中取胜"为4.1%，两者的比例都不高，并且也很难判断这是好事还是坏事。大概人们把民主主义当成了理所当然的前提，而且普通民众并不会去思考民主主义在现在的政治中是否被忽视的问题。

从日本全体国民来看，人们并没有感到民主主义所面临的危机。国民的个人意识（私权意识）高涨，不相信政治家，否定竞争主义、成果主义和全球化。这与政治或媒体中出现的评论家们的观点相悖，与小泉政权之后的自民党政策也存在很大矛盾，从中也能够看出政治并没有反映国民的意愿。

从表面上看，现在的国民投票率低，对政治漠不关心，对竞争主义、成果主义和全球化也并不排斥。人们或许只是在时代的发展中随波逐流，但其实他们的内心也怀有诸多疑问。

另外，从不同性别的回答来看，男性选择"外交能力、军事能力薄弱"的人比女性更多，并且选择"应该提高经济能力"的人数也比较多（表2-5）。

表2-5　　不同性别的日本认知

		男性	女性	男女之差（%）
男性较多的选项	外交能力薄弱	24%	16%	8
	军事能力太弱	14%	7%	7
	报纸/新闻业变差了	18%	12%	6
	应该提高人均GDP，维持和发展丰富的消费社会	12%	6%	6
	应该培养创新企业	10%	4%	6
	应该提高国内农业的国际竞争力	12%	7%	5
	有可能会发生不得已的战争	7%	2%	5
	对中国/朝鲜/韩国政策软弱	22%	17%	5
	应该培养爱国心	11%	7%	6
女性较多的选项	礼仪和语言太随便	14%	19%	−5
	只要还健康就想一直工作	12%	18%	−6
	应该重新审视仅仅为了延续生命的医疗制度	18%	23%	−5
	喜欢投诉的人增多，令人困扰	27%	33%	−6
	老年人增多，年轻人负担越来越重	16%	22%	−6
	觉得相亲结婚也很好	11%	18%	−7
	不承认同性婚姻是个问题	5%	12%	−7
	在教育上花钱过多	21%	28%	−7
	对新冠病毒疫情等新型疾病的对策迟缓	17%	25%	−8
	老年人看护对策迟缓	15%	23%	−8
	认真工作的人得不到相应的回报	29%	37%	−8
	过于在意他人的看法	13%	22%	−9
	对全球变暖、气候异常、节能等问题的对策迟缓	13%	21%	−8
	应该消除对LGBT（同性恋等）的歧视	13%	22%	−9
	个人信息容易被盗	17%	26%	−9
	网络上的诽谤中伤非常严重	30%	39%	−9
	政治或经营高层中女性太少	9%	19%	−10

（续表）

		男性	女性	男女之差（%）
女性较多的选项	应该允许夫妻不同姓	9%	19%	−10
	人们在SNS上的发言变得很有攻击性	19%	29%	−10
	对虐待儿童问题的对策迟缓	13%	23%	−10
	应该实现能够安心养老的福祉社会	17%	28%	−11
	对年老后的社会感到不安	22%	35%	−13
	应该创造能够为女性提供更好的工作条件和更高收入的社会	7%	20%	−13
	男性做家务和育儿的时间太短	8%	21%	−13
	应该创造出即使不结婚也能感到过上幸福生活的社会	10%	23%	−13
	对年金/医疗费等社会保障感到不安	28%	44%	−16

出处：下流社会15年后研究会“现代日本人意识与价值观调查”（2020）。

女性选择较多的是“对年金/医疗费等社会保障和老龄社会感到不安”“即使不结婚也能够幸福生活的社会”“夫妻不同姓”“男性做家务和育儿的时间太短”等与婚姻生活有关的选项。

另外，从不同年龄人群来看，45—54岁人群对与周边国家的外交/军事问题的关心度较高，对于治安、利益、税收制度等也有较多的关心。与之相对，25—34岁人群的选择则主要围绕着歧视、育儿、工作方式等方面（表2-6）。

“中”与“中下”之间也存在差距

我们把这种日本认知从阶层意识的四个阶段进行统计。按照“下”比“上”多的顺序排列，见表2-7。

表2-6　不同年龄的日本认知
（按照45—54岁与25—34岁差异大小排序）

	合计	25—34岁	35—44岁	45—54岁	25—34岁与45—54岁之差（%）
人数	2532	714	869	949	
45—54岁比25—34岁多的选项					
对年金/医疗费等社会保障感到不安	36.0%	28.0%	36.6%	41.4%	13.4
绝对的男女平等很麻烦	19.4%	12.2%	19.1%	25.2%	13.0
治安恶化	19.1%	11.2%	20.5%	23.7%	12.5
礼仪和语言太随便	16.5%	9.4%	16.6%	21.7%	12.3
认真工作的人得不到相应的回报	33.2%	25.8%	34.0%	38.0%	12.2
政治家的素质和能力低下	31.5%	24.4%	32.8%	35.6%	11.2
对新冠病毒疫情等新型疾病的对策迟缓	20.6%	14.7%	19.8%	25.7%	11.0
应该提高有钱人的税金	24.3%	17.5%	25.6%	28.1%	10.6
应该减少公务员数量	15.2%	9.2%	15.0%	19.8%	10.6
外交能力薄弱	20.1%	14.8%	19.0%	25.1%	10.3
45—54岁比25—34岁少的选项					
不承认同性婚姻是个问题	8.2%	12.2%	7.1%	6.3%	−5.9
难以取得育儿休假	9.5%	12.5%	9.8%	7.0%	−5.5
希望能够变成不工作也能生存下去的社会	12.0%	14.7%	12.7%	9.3%	−5.4
希望能通过带薪休假或远程工作享受时间和空间的自由	14.6%	17.8%	13.5%	13.3%	−4.5
应该把男性的育儿休假义务化	6.5%	9.2%	5.8%	5.0%	−4.2
应该消除对LGBT（同性恋等）的歧视	17.0%	18.9%	17.7%	14.9%	−4.0
男性做家务和育儿的时间太短	14.5%	16.1%	15.6%	12.4%	−3.7
对儿童教育/保育/贫困等问题的支援不足	17.2%	18.3%	19.0%	14.8%	−3.5
应该让AI、机器人承担更多的工作	6.4%	8.4%	6.0%	5.3%	−3.1
担心自己的言行有可能通过网络被别人知道，从而控制自己的言行	6.4%	7.4%	7.1%	5.1%	−2.3
对恋爱和结婚没有什么兴趣	8.6%	9.7%	9.0%	7.4%	−2.3
应该创造出即使不结婚也能过上幸福生活的社会	16.3%	16.9%	17.6%	14.8%	−2.1
希望有人能够告诉自己什么样的职业需求高并且工作机会多	6.0%	6.9%	6.5%	4.8%	−2.1
促进结婚的政策迟缓	8.2%	9.4%	8.1%	7.4%	−2.0

出处：下流社会15年后研究会"现代日本人的意识与价值观调查"（2020）。

表2-7　不同阶层意识的日本认知

	上	中	中下	下	下与上之差(%)
人数	383	1,002	744	271	
每天疲于奔命	7%	13%	27%	41%	34
对失业人员的支援政策不足	7%	14%	21%	29%	22
贫富差距正在扩大	21%	23%	33%	42%	21
应该提高有钱人的税金	16%	21%	28%	35%	19
有很多黑心企业	22%	25%	31%	39%	17
个人难以拥有梦想和希望	15%	13%	20%	31%	16
生活保护等维持最低限度生活的政策不足	7%	7%	10%	20%	14
应该保证最低限度的收入，减少过度竞争	5%	7%	10%	18%	13
个人信息容易被盗	17%	19%	23%	30%	13
应该缩小正规和非正规雇用人员在收入/待遇/休假等方面的差距	13%	12%	19%	25%	12
人们过度集中于东京	24%	24%	27%	36%	12
应该保障上班族以外的工作方式也能够让人们过上安稳的生活	16%	16%	17%	28%	12
应该减少普通人的税金	19%	21%	27%	31%	12
应该提供残障人士的就业支援	7%	7%	10%	19%	12
日本的社会有闭塞感（看不到出路的感觉）	18%	17%	21%	29%	11
在现在的社会中有空虚感	13%	14%	18%	24%	11
道德教育不足	13%	14%	18%	24%	11
关于金钱和经济的教育不足	21%	20%	24%	31%	10
对年金/医疗费等社会保障感到不安	31%	34%	39%	41%	10
性骚扰、职场霸凌变多	12%	16%	20%	23%	11
应该取消正规雇用和非正规雇用的区别，让大家都能选择适合自己能力和生活方式的工作	9%	10%	13%	19%	10

出处：下流社会15年后研究会 "现代日本人的意识与价值观调查"（2020）。

　　可以看到，阶层意识为"下"的人选择"每天疲于奔命"这一选项的占41%，与选择这一选项的阶层意识为"上"的人相差34个百分点。或许有人会觉得阶层意识为"上"的人不会"疲于奔命"，但是实际上，有很多餐饮连锁店的老板苦于新冠病毒疫情，通过这个例子我们就大概能够理解7%这个数字是妥当的。另外，阶层意识为"中下"的人有27%选择了"每天疲于奔命"。可见阶层意识上的"中"和"中下"人群之间的差距越来越大。

同样在生活保护等维持最低限度生活的政策不足、贫富差距扩大、应该提高有钱人的税金、有很多黑心企业、个人难以拥有梦想和希望等选项上，"中"与"中下"之间也存在差距。

另外较多阶层意识为"下"的人选择了"生活保护等维持最低限度生活的政策不足"、"应该保证最低限度的收入，减少过度竞争"，以及"应该提供残障人士的就业支援"等选项，而选择这些选项的"上"和"中"很少。由此可见中流和上流阶层的人们并不赞成减少自己的收入去支援下流。这种"中"和"中下"之间的差距在对其他问题的回答中也随处可见，这大概就是所谓的阶层"断层"吧。

高收入男性的自我责任论——新自由主义

下面从收入方面来看不同人群对日本认知的差异。从结果来看，男女差异较大。因此我们也结合性别方面的调查结果进行了分析。

男性的高收入人群比低收入人群选择更多的选项有"生活保护制度实施过度，应该减少保护家庭数和支付金额"和"认为没有被正规雇用的人一定有能力或性格方面的问题"等，可见高收入男性相当崇尚自我责任论和新自由主义（表2-8）。现在政府的咨询委员等大多属于这类人群。

另外"男子汉气概和女人味儿正在逐渐消失""希望父母与孩子能

表2-8　不同收入男性的日本认知（按照差距由大到小的顺序排列）

	合计	不足200万日元	200万—400万日元	400万—600万日元	600万元以上	600万日元以上与不足200万日元之差（%）
人数	1224	263	292	340	329	
高收入男性选择更多的选项						
生活保护制度实施过度，应该减少保护家庭数和支付金额	13%	8%	12%	14%	16%	8
消费者过于嚣张	17%	11%	20%	17%	17%	6
只要还健康就想一直工作	12%	10%	14%	12%	15%	5
认为没有被正规雇用的人一定有能力或性格方面的问题	7%	4%	7%	7%	9%	5
对中国/朝鲜/韩国政策软弱	22%	19%	20%	21%	24%	5
应该普及个人身份号码	8%	6%	8%	7%	11%	5
男子汉气概和女人味儿正在逐渐消失	7%	5%	9%	4%	10%	5
低收入男性选择更多的选项						
贫富差距正在扩大	27%	36%	30%	24%	19%	−17
希望能够变成不工作也能生存下去的社会	12%	23%	11%	9%	6%	−17
每天都疲于奔命	17%	24%	22%	16%	9%	−15
对恋爱和结婚没有什么兴趣	7%	17%	7%	4%	3%	−14
有很多黑心企业	28%	35%	33%	25%	21%	−14
应该缩小正规和非正规雇用人员在收入/待遇/休假等方面的差距	15%	22%	18%	10%	10%	−12
生活保护等维持最低限度生活的政策不足	10%	18%	11%	5%	6%	−12
对失业人员的支援政策不足	15%	21%	18%	12%	9%	−12
应该保证最低限度的收入，减少过度竞争	9%	15%	11%	7%	4%	−11
应该创造出即使不结婚也能过上幸福生活的社会	10%	16%	8%	8%	6%	−10
应该消除对LGBT（同性恋等）的歧视	13%	10%	14%	10%	9%	−9

出处：下流社会15年后研究会"现代日本人的意识与价值观调查"（2020）。

住得近一点，大家庭悠闲地生活在一起""应该结婚生子"等所谓的"保守"价值观也随着收入的提高而增多。

另一方面，低收入人群选择较多的选项是"贫富差距正在扩大""希望能够变成不工作也能生存下去的社会""每天都疲于奔命""有很多黑心企业""应该缩小正规和非正规雇用人员在收入/待遇/休假等方面的差距""生活保护等维持最低限度生活的政策不足""对失业人员的支援政策不足""应该保证最低限度的收入，减少过度竞争"等与雇用劳动相关的选项。

高收入女性的日本认知

不同收入人群的日本认知差异在女性中更为明显（表2-9）。高收入女性十分崇尚新自由主义，有较强的竞争主义倾向。这可能是因为女性与男性相比，更需要在这个社会中提高竞争力，否则就难以增加收入。这似乎也与前面陈述的高收入未婚女性的"利志向"较强有关。

虽然年收入超过600万日元的女性样本数量只有47人，但是也具有一定的参考意义。与年收入不足200万日元的女性相比，年收入超过600万日元的女性选择更多的日本认知选项有"日本人过于悠闲""外交能力薄弱""认为没有被正规雇用的人一定有能力或性格方面的问题""日本需要强有力的领导者""应该提高人均GDP，维持和发展丰富的消费社会""应该拓展更多的商业机会""应该从年轻时就根据能力和业绩拉开收入差距""生活保护制度实施过度，应该减少保护家庭数和支付金额""应该重新审视仅仅为了延续生命的医疗制度"等，从这些选项看，她们与竹中平藏十分相似。

表2-9 不同收入女性的日本认知
（按照不同年收入的百分比差异大小排序）

	全体女性	不足200万日元	200万—400万日元	400万—600万日元	600万日元以上	600万日元以上与不足200万日元之差（%）
人数	1171	743	288	93	47	
希望能通过带薪休假或远程工作享受时间和空间的自由	17%	14%	21%	29%	36%	22
日本人过于悠闲	8%	7%	8%	5%	23%	16
外交能力薄弱	16%	15%	15%	20%	32%	17
认为没有被正规雇用的人一定有能力或性格方面的问题	3%	3%	2%	4%	19%	16
喜欢投诉的人增多，令人困扰	33%	33%	29%	37%	49%	16
报纸/新闻业变差了	12%	11%	10%	14%	26%	15
琐碎的规则/文书/禁止事项等增多，非常麻烦	9%	7%	7%	14%	21%	14
日本需要强有力的领导者	11%	11%	9%	15%	23%	12
应该提高人均GDP，维持和发展丰富的消费社会	6%	5%	6%	7%	17%	12
电视节目很愚蠢	19%	20%	15%	16%	32%	12
社会中的规则/秩序正在逐渐消失	13%	12%	13%	15%	23%	11
应该拓展更多的商业机会	6%	6%	4%	5%	17%	11
应该让AI、机器人承担更多的工作	5%	4%	4%	12%	15%	11
应该将古老的城镇巧妙地运用到城市建设中	11%	11%	9%	16%	21%	10
应该从年轻时就根据能力和业绩拉开收入差距	3%	3%	3%	0%	13%	10

出处：下流社会15年后研究会"现代日本人的意识与价值观调查"（2020）。

　　这可能是受现在的社会环境影响，在现实中，不具备竞争主义价值观的女性是无法获得高收入的。我猜想现在的自民党女性议员中应该有很多人具有这种价值观。

　　我们再来看一看年收入超过 600 万日元的不同性别人群的日本认知差异（表 2-10）。由表可见，在不同收入女性差异的统计中差异较大的选项，在不同性别的日本认知对比中也呈现出差异。因此我们认为这些日本认知是高收入女性独有的价值观。

表2-10　年收入600万日元以上的不同性别人群的日本认知
（按照女性比男性更多的顺序排列）

	男性	女性	差距（%）
人数	329	47	
喜欢投诉的人增多，令人困扰	23%	49%	26
希望能通过带薪休假或远程工作享受时间和空间的自由	13%	36%	23
应该创造出即使不结婚也能过上幸福生活的社会	6%	28%	22
人们在SNS上的发言变得很有攻击性	18%	38%	20
应该重新审视仅仅为了延续生命的医疗制度	16%	34%	18
对全球变暖/气候异常/节能等问题的对策迟缓	13%	28%	15
电视节目很愚蠢	18%	32%	14
日本人过于悠闲	10%	23%	13
对年金/医疗费等社会保障感到不安	25%	38%	13
社会中的规则/秩序正在逐渐消失	10%	23%	13
应该将古老的城镇巧妙地运用到城市建设中	8%	21%	13
应该消除对LGBT（同性恋等）的歧视	9%	21%	12
应该允许夫妻不同姓	6%	19%	13
过于在意他人的看法	11%	23%	12
觉得相亲结婚也很好	13%	26%	13
在现在的社会中有空虚感	13%	26%	13
由于网络等原因，个人的隐私开始受到侵害	11%	23%	12
日本的社会有闭塞感（看不到出路的感觉）	18%	30%	12
正规雇用的员工如果拿不出成果，也应该被解雇，并让有能力的非正规雇用员工取而代之	8%	19%	12
应该创造单亲家庭孩子也能不受歧视的社会	9%	19%	10
认为没有被正规雇用的人一定有能力或性格方面的问题	9%	19%	10
琐碎的规则/文书/禁止事项等增多，非常麻烦	11%	21%	10
老年人看护对策迟缓	13%	23%	10
应该创造能够为女性提供更好的工作条件和更高收入的社会	7%	17%	10

出处：下流社会 15 年后研究会"现代日本人的意识与价值观调查"（2020）。

有阴影标记的选项是与性别问题相关的选项，也是职业女性必定会关注到的选项。

另外，低收入女性比高收入女性选择更多的选项与男性的情况相似，因此表中并没有列出。年收入超过 600 万日元的女性比相同收入的男性选择更多的日本认知选项有"教育花费过多""对年老后的社会感到不安""对年金/医疗费等社会保障感到不安""随着网络、游戏、IT、AI、机器人等的发展，人性可能会减弱""男性做家务和育儿的时间太短""应该取消正规雇用和非正规雇用的区别，让大家都能选择适合自己能力和生活方式的工作""对虐待儿童问题的对策迟缓"等选项。可以说女性对于育儿、教育、社会保障和人性等方面的关注度更高。

综上所述，人们的日本认知在不同阶层、不同收入，以及不同性别之间都存在显著差异。虽然我并不喜欢把"差异"说成"断层"，但是从此次的调查结果来看，我们不得不承认不同的阶层、收入和性别确实造成了较大的认知差异。

第三章 ｜ 寻求"强"的时代

——是谁支撑了安倍政权 8 年

3-1　从人群属性看对安倍政权的评价

女性并不太喜欢安倍

从 2005 年 9 月发行的《下流社会》成为畅销书到 2020 年 9 月安倍晋三辞任首相，这 15 年间，有一半以上的时间都是安倍政权下度过的。我认为安倍政权也促进了下流社会的发展。

因此，在本次调查中我们也调查了人们对于第二次安倍政权的评价（表 3-1）。从整体情况来看，对安倍政权"评价很好"的占 9.6%，"评价较好"的占 30.6%，"正面评价的总和"为 40.2%。对安倍政权"不予置评"的占 28%，"评价较差"占 15.7%，"评价很差"占 16.1%，"负面评价的总和"为 31.8%。可见调查的结果为，正面评价占四成，负面评价占三成，中立占三成。根据 NHK 的舆论调查，2020 年对安倍政权做出正面评价的人约占 39%。由此可见，本次调查中 40% 的结果可以说是比较准确的。

从性别方面来看，男性对安倍政权的评价较高。男性选择"评价很好"的占 13%，"评价较好"的占 33%，而女性选择"评价很好"的占

6%，"评价较好"的占 28%。从"负面评价总和"来看，几乎没有性别差异。而保持中立的男性占 23%，女性占 34%，可见对安倍政权不予置评的女性要比男性多很多。总体来说，女性对安倍政权给予正面评价、负面评价和保持中立的人数大约各占 1/3。

表3-1 对安倍政权的评价不同性别年龄中"正面评价"和"负面评价"所占比例

	人数	正面评价总和	中立	负面评价总和	正面评价总和/负面评价总和
合计	2523	40%	28%	32%	1.3
男性	1282	46%	23%	32%	1.4
女性	1241	35%	34%	32%	1.1
男性25—29岁	177	47%	34%	19%	2.5
男性30—34岁	185	44%	28%	28%	1.6
男性35—39岁	209	46%	22%	33%	1.4
男性40—44岁	228	46%	23%	31%	1.5
男性45—49岁	268	46%	16%	37%	1.2
男性50—54岁	215	44%	17%	39%	1.1
女性25—29岁	184	42%	38%	24%	1.8
女性30—34岁	168	31%	41%	28%	1.1
女性35—39岁	193	38%	37%	24%	1.6
女性40—44岁	230	31%	31%	38%	0.8
女性45—49岁	265	38%	26%	36%	1.1
女性50—54岁	201	29%	33%	38%	0.8

注：省略了小数点后的数字，因此有时合计不足 100，有时合计超过 100。
出处：下流社会 15 年后研究会"现代日本人的意识与价值观调查"（2020）。

年轻人群并非对安培政权评价很高，只是评价低的人较少

人们普遍认为年轻人群大都支持安倍政权、支持自民党，但从此次的调查结果来看并非如此。从对安倍政权做出"正面评价"（"评价很好"和"评价较好"的总和）的情况来看，并没有明显的年龄差异。但是，从对安倍政权做出"负面评价"（"评价较差"和"评价很差"

的总和）的结果来看，越年轻给予负面评价的人越少。

因此，从"正面评价"比"负面评价"的比率来看 50—54 岁男性为 1.2 倍，25—29 岁男性为 2.5 倍。40—54 岁女性大约为 1 倍，而 25—29 岁女性为 1.8 倍。由于做出负面评价的人数较少，才使得做出正面评价的人数看起来很多。这或许正是人们认为年轻人对安倍评价较高的原因①。

如果让年轻人中的中立部分人群必须做出选择的话，我认为大多数会选择正面评价。实际上，在媒体的内阁支持率调查中，多数情况下没有设置中立的选项，因此中立的人大多会倾向于选择正面的评价。这样一来，就出现了年轻人对安倍支持率较高的结果。

随着年龄的上涨，经济差距也会扩大，人们由此被划分为所谓的优胜者和失败者。对安倍政权评价高和评价低的人也会相应增多，变得旗帜鲜明。如果是这样的话，那么 20 年后当现在的年轻人在变成中年人时，阶层差距很有可能会进一步扩大，现在处于中流的无党派人士中可能会有更多的人跌落下层，届时上流支持而下流不支持的政治分歧也很有可能会比现在更加严重（美国就是如此）。

---

① 善于分析选举及政党支持率相关调查的专家三春充希在对 2019 年 7 月举行的第 25 届参议院选举进行分析后指出："从不同年龄人群的政党支持率统计来看'更多的年轻人没有支持的政党'这种说法是正确的。从有关夫妻不同姓及同性婚姻的舆论调查、内阁府举办的与外交相关的舆论调查等个别专题调查中，也常常能看出年轻人的自由主义倾向。"从图 3-1 也能够明显看出 30 岁以下的年轻人群体中，支持自民党的人非常少，同时支持在野党的人也很少。大多数人都表示"没有支持的政党"或者"不知道支持哪个政党"。

（％）

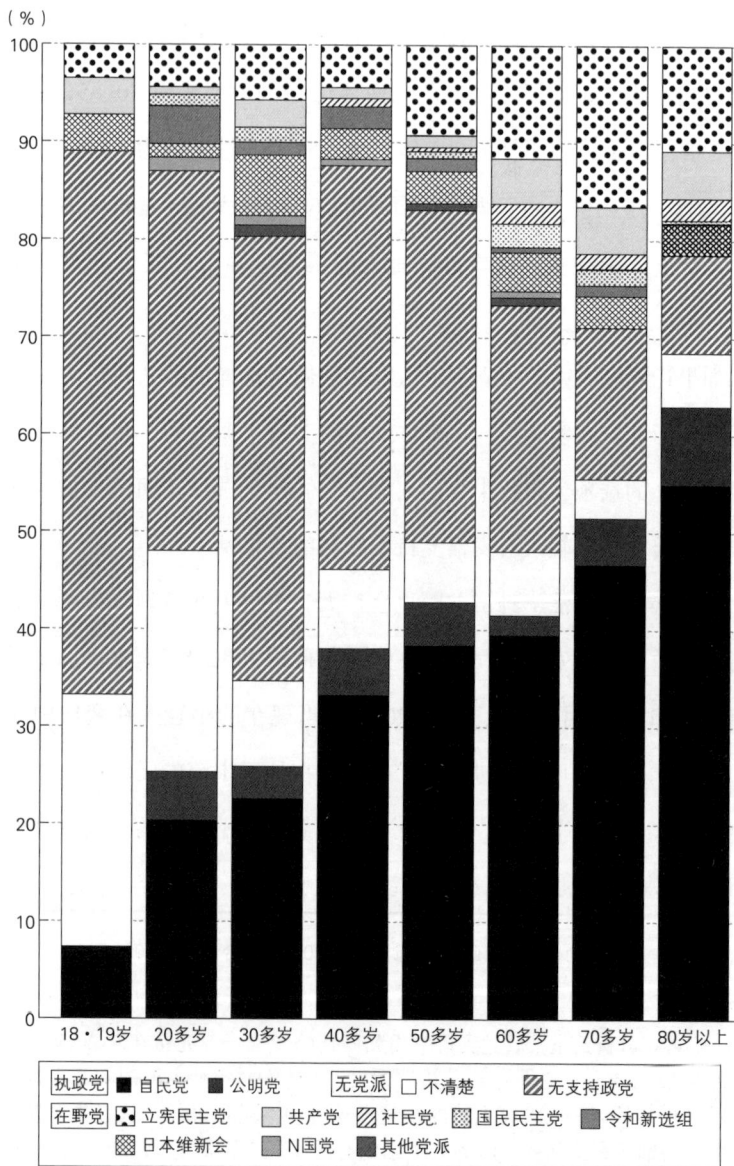

执政党	■自民党	■公明党	无党派	□不清楚	▨无支持政党
在野党	▨立宪民主党	□共产党	▨社民党	▨国民民主党	■令和新选组
	▨日本维新会	■N国党	■其他党派		

出处：三春充希，未来选举项目，https://www.facebook.com/1000020373217
86/posts/ 3954429141301624/。

图3-1　第25届参议院选举全国意识调查 政党支持率

单身男性对安倍政权评价较高，而单亲母亲对其评价较低

从不同家庭类型的调查结果来看，单身人士对安倍政权"评价较好"的比较多，特别是 25—34 岁的单身男性高达 44%（表 3-2）。收入足够负担单身生活的年轻男性在一定程度上具有优胜者意识，对安倍政权的评价也较高（这与下文中将论述的收入越高对安倍政权的评价越高的结果一致）。

表3-2 不同类型家庭的安倍政权评价

		人数	评价很好	评价较好	不予置评	评价较差	评价很差
全体	合计	2523	10%	31%	28%	16%	16%
	单身人士	437	11%	35%	27%	13%	15%
男性 25—34岁	单身人士	87	8%	44%	35%	9%	5%
全体	夫妻二人家庭	280	9%	28%	30%	15%	19%
	夫妻与未婚子女家庭	1235	10%	30%	29%	16%	16%
	单亲与未婚子女家庭	220	10%	26%	25%	21%	19%
女性 25—34岁	单亲与未婚子女家庭	24	4%	8%	46%	25%	17%

注：省略了小数点后的数字，因此有时合计不足 100，有时合计超过 100。
出处：下流社会 15 年后研究会"现代日本人的意识与价值观调查"（2020）。

与之相对，"只有单亲与未婚子女的家庭"（所谓的单身母亲、单亲家庭）对安倍政权的评价很低。特别是 25—34 岁的单身母亲对安倍政权给予正面评价的仅占 12%。

认可安倍政权的无党派人士具有较大的影响

本次调查中设置了"你在政治方面是否支持自民党?"这一问题,并给出了"支持自民党""比较支持自民党""无党派""不太支持自民党""不支持自民党"五个选项。

结果显示"支持自民党"和"比较支持自民党"的人合计为29%,低于对安倍政权做出正面评价的比例。可见,有一部分不支持自民党的人对安倍政权做出了正面评价。

我们又统计了不同政治立场的人对安倍政权的评价,结果显示,无党派人士对安倍政权做出正面评价的占25%。在本次2523人的调查对象中,无党派人士有1396人之多。其中有402人对安倍政权做出了正面评价。而"支持自民党"的人中对安倍政权做出正面评价的有578人。可见无党派人士对于安倍政权评价的调查结果具有较大的影响。

高学历女性对安倍政权评价较低

下面从学历方面来看不同学历人群对安倍政权的评价。学历越高的男性对安倍政权的评价越高。女性也有类似倾向,但研究生院毕业、具有硕士以上学历的女性对安倍政权的评价较低(图3-2)。

具体来看,研究生以上学历的男性对安倍政权给予正面评价的多达56%,而具有上位大学学历的男性对安倍政权做出正面评价的也多达51%。

另一方面,学历越低,对安倍政权给予负面评价的人越多。下位大学学历中对安倍政权给予正面评价的占40%,给予负面评价的占30%。

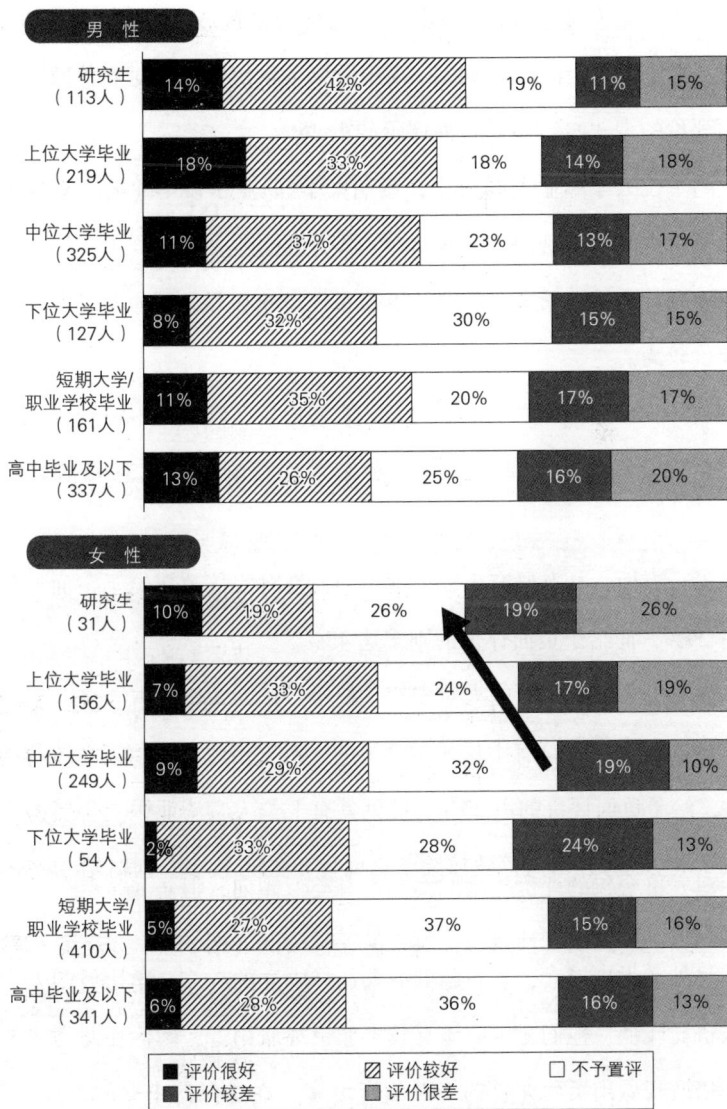

出处：下流社会 15 年后研究会"现代日本人的意识与价值观调查"（2020）。

图 3-2　安倍政权评价 不同性别学历

短期大学①/职业学校毕业的人群对安倍政权给予正面评价的占46%，给予负面评价的占34%。高中及以下学历的人群对安倍政权给予正面评价的占39%，给予负面评价的占36%。

与下位大学毕业人群相比，短期大学/职业学校毕业的人对安倍政权的评价更高。这是因为短期大学/职业学校毕业的人群中，年收入超过400万日元的人较多，特别是年收入超过600万日元的人对安倍政权的评价较高。

确实，比起三流大学毕业的人，能够把自己喜欢的事情变为职业的人更有机会得到较高的收入。这种结果也影响了他们对安倍政权的评价。

另一方面，具有研究生以上学历的女性对安倍政权给予正面评价的仅占29%，而给予负面评价的则多达45%。

具有上位大学学历的人对安倍政权给予正面评价的占40%，给予负面评价的占36%。具有中位大学学历的人对安倍政权给予正面评价的占38%，给予负面评价的占29%。可见具有上位大学毕业以上学历的人群中（无论性别），对安倍政权给予正面评价的人较多，同时给予负面评价的人也有很多。

另外，无论男女，学历越低的人选择中立的越多。学历低的人大多收入也比较低，他们之中应该有较多非正规雇用者，然而在此类人群中对安倍政权做出负面评价的人并没有增多，而是保持中立的人比较多。这可能与安倍并非上位大学毕业有关。

① 译者注：区别于四年制大学，一般学制为2—3年的大学。

随着收入增加，对安倍政权评价高和评价低的人数都在增加

从不同性别收入来看人们对安倍政权的评价，能够看到男性收入越高对安倍政权的评价越高这一倾向（图 3-3）。

年收入超过 600 万日元的男性仅对安倍政权"评价很好"的人就多达 17%，"评价较好"的人占 33%，低于年收入 400 万—600 万日元的人"评价较好"的比例。而对安倍政权给予负面评价的比例与年收入 200 万—400 万日元的阶层大致相同。可见随着收入的增加，男性对安倍政权给予正面评价和负面评价的比例都会升高。

年收入 400 万—600 万日元的女性对安倍政权给予正面评价的占 46%，与男性持平。但是，年收入超过 600 万日元的女性对安倍政权给予正面评价的比例少于男性，并且对安倍政权给予负面评价的人数多达 41%，在该收入水平女性的所有评价中占比最多。

另外，无论男女，年收入超过 600 万日元的人与年收入 400 万—600 万的人相比，对安倍政权做出正面评价的人减少，做出负面评价的人增多。这与上述在不同学历的统计中，学历越高对安倍政权的正面评价和负面评价都越多的倾向是相同的。

上位大学以上学历人群中 46% 的人年收入超过 600 万日元，在拥有中位大学学历的人群中这一比例为 27%，二者相比明显上位大学以上学历人群中高收入阶层更多。可见学历越高收入越高。但拥有高学历的人除了学习书本知识之外还能够同时掌握多方面的知识和素养，政治意识也会提高，对政权进行批判的人也会增多。

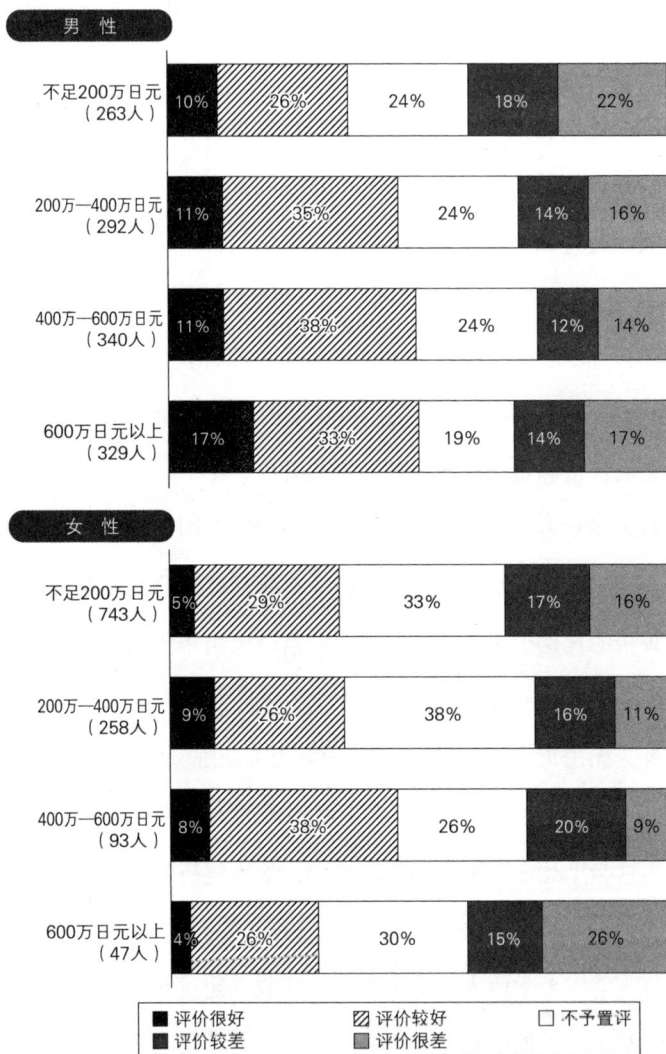

出处：下流社会 15 年后研究会 "现代日本人的意识与价值观调查" (2020)。

图 3-3　安倍政权评价 不同性别收入

这大概是安倍政权最不喜欢的类型，安倍政权喜欢的是只会学习知识、能挣钱，并且会为自己贡献金钱的人而已。

虽然安倍前首相一直提倡要构建一个让付出努力的人得到回报的社会，但我认为他所提倡的仅仅是一个减少成功的高收入人士的所得税，增加他们的实际收入的社会，而并非让从事社会重要工作的低收入人群获得回报。

高收入年轻男性对安倍政权评价极高

年龄越大收入越高，收入越高对安倍政权的评价越高，看起来似乎是这样的，但事实并非如此。在前面的分析中我们也能看到并不是年龄越大对安倍政权的评价就越高，而是在年龄增长的同时对安倍政权做出负面评价的人也在增多。这是由于，随着收入的提高，住宅费用和教育费用也在升高，同时还需要承担起照顾赡养父母的责任，因此对政治的不满也会增多。

另外，随着年龄的增长，收入差距也会扩大，这也在很大程度上影响着对安倍政权的评价。因此，我们在不减少样本数量的前提下把年龄划分为三个阶段，结合不同的性别情况对安倍政权评价进行了统计（图 3-4）。

把年龄分为三个阶段后，我们可以看出 25—34 岁的男性收入越高对安倍政权的评价越高，这一倾向是十分显著的。在这一年龄段中年收入超过 600 万日元的人对安倍政权给予正面评价的多达 60%。

虽然 25—34 岁的样本数量较少，但是由于 2007 年团块世代集体退休导致对新毕业生的需求增多，就业机会倍增，这一年龄人群也相对比

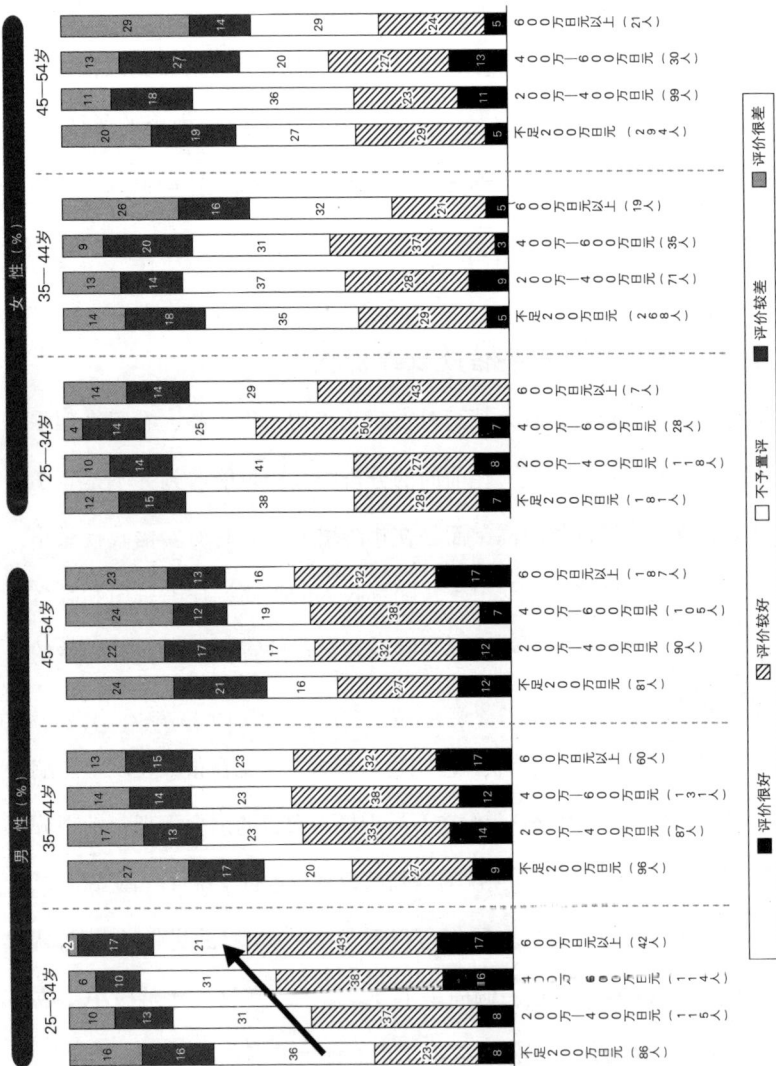

图3-4 安倍政权评价男女年龄三阶段×不同收入

出处：下流社会15年后研究会"现代日本人的意识与价值观调查"（2020）。

较容易就业。然而这一状况的出现与政治无关，即使不是安倍执政，也会出现同样的情况。但是在当前政权环境下出现这种情况，人们就会对安倍政权做出积极的评价，这种认知也影响了年轻人对安倍政权的评价。

另外，越是收入高的年轻男性越有可能将社会整体的论调内面化，形成实力主义、新自由主义的价值观。

实际上，在对于日本认知的调查中，年收入超过600万日元的25—29岁年轻人群体中选择"失败是自我责任的意识不足"这一选项的占8%，而45—54岁人群中选择这一选项的仅占3%。特别是年收入超过600万日元的男性中，25—29岁人群选择这一选项的占10%，而45—54岁的人仅占2%（关于"日本认知"另作详细分析）。

而年收入超过600万日元的25—34岁人群选择"一旦失败就全部是自己的责任，这种自我责任论的想法过多"这一选项的人仅占6%（男性占5%），但是在同等收入的45—54岁人群中选择这一选项的占13%（男性同样占13%）。

也就是说在年收入超过600万日元且认为自我责任意识不足的人中，25—34岁人群较多，而45—54岁人群较少。但是在认为自我责任意识过盛的人中，25—34岁人群较少，而45—54岁人群较多。可见自我责任意识与年龄呈反比例关系，并且这一倾向在男性中更加明显。

年收入不足200万日元的35—44岁男性中44%对安倍政权评价很低

在35—44岁男性中，年收入越高对安倍政权的评价越高这一倾向较弱。另外，年收入不足 200 万日元的人群对安倍政权做出负面评价的多达 44%。

在 45—54 岁男性中，年收入越高对安倍政权的评价越高，年收入越低对安倍政权的评价越低，这样的倾向十分明显。但年收入在 600 万日元以上的人群对安倍政权做出正面评价的占 49%，低于 25—34 岁男性 60% 的比例。

另外，45—54 岁男性对安倍政权"评价很差"的无论年收入多少都占大约 23%，与"评价较差"的人数合计来看，无论哪个收入层都有大约四成的人对安倍政权做出了负面评价。

也就是说，45—54 岁男性，无论年收入多少，都有约 45% 的人对安倍政权做出了正面评价，约 40% 的人对其做出了负面评价。

可见，比起经济方面的原因，人们在思想、感觉、伦理等方面的既定价值观对安倍政权评价的影响更大。

年收入超过 600 万日元的 45—54 岁女性对安倍政权评价较低

从女性来看，年收入在 400 万—600 万日元的 25—34 岁女性对安倍政权做出正面评价的多达 57%。

年收入 400 万—600 万日元的 35—44 岁女性呈现出收入越高对安倍政权的评价越高的倾向。

但是年收入在 600 万日元以上的女性对安倍政权做出正面评价的仅占 26%，做出负面评价的却多达 42%。特别是年收入超过 600 万日元的

45—54 岁女性对安倍政权做出正面评价的仅占 29%，做出负面评价的多达 43%。虽然这一收入阶层的样本数量较少，但依然能看出高收入女性对安倍政权的评价并不高。

15 年中变富和变穷的人对安倍政权的评价差异较大

我们也对与收入相关的问题"与 15 年前相比你的生活变富裕了吗"进行了调查，调查的结果如下：

变富裕了……11%

稍稍变富裕了……22%

没有变化……40%

稍稍变贫穷了……15%

变贫穷了……12%

我们又统计了做出以上不同回答的人对安倍政权的评价，其中"变富裕了"的人对安倍政权"评价很好"的多达 24%（图 3-5）。"稍稍变富裕了"的人对安倍政权"评价比较好"的也多达 42%。

而生活"没有变化"、"稍稍变贫穷了"和"变贫穷了"的人对安倍政权做出正面评价的大约为 35%。另外，生活"没有变化"的人对安倍政权不予置评的较多。

另一方面，"变富裕了"的人对安倍政权做出负面评价的仅占 22%，生活"没有变化"的人对安倍政权做出负面评价的占 30%，而"变贫

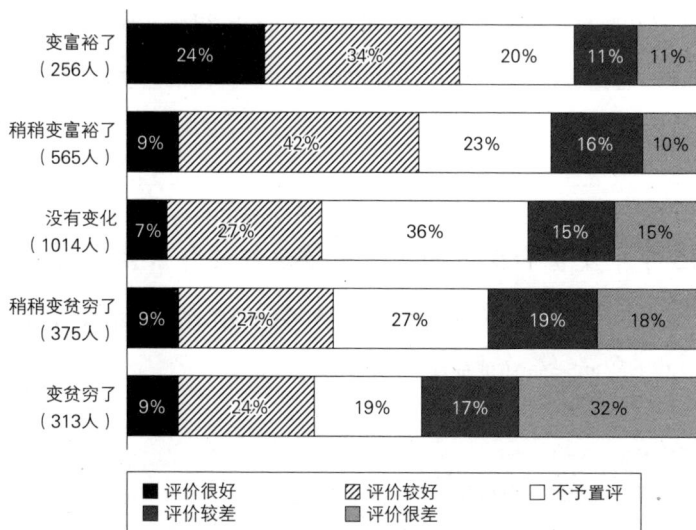

出处：下流社会 15 年后研究会 "现代日本人的意识与价值观调查"（2020）。

图 3-5　安倍政权评价过去 15 年间的贫富感受

穷了"的人对安倍政权做出负面评价的多达 49%。可见人们对安倍政权的评价与贫富感呈现完美的正比例关系。

在过去 15 年间变富裕的人对安倍政权评价产生了积极的影响，与自民党的支持情况结合来看，就会发现其中还有更深层次的关联。

例如，不支持自民党但对安倍政权"评价比较好"的人群中，"变富裕了"和"稍稍变富裕了"的人合计为 60%（样本数量为 10 人）。

另外，"不太支持自民党"但对安倍政权"评价比较好"的人群中，"变富裕了"和"稍稍变富裕了"的人合计也是 60%（样本数量为 20 人）。

"无党派"但对安倍政权"评价很好"的人群中，"变富裕了"和

"稍稍变富裕了"的人合计为 37%。

由此可见，切身感受到生活水平提高的人，即使不支持自民党，也会对安倍政权做出较高的评价。

得到高额遗产的人对安倍政权评价较高

从持有存款、有价证券、假想货币等金融资产的情况来看人们对安倍政权的评价（已婚人士为夫妻双方资产总额），就会发现总体上资产越多对安倍政权的评价越高，但这种倾向并不十分显著（图 3-6）。资产总额在 2000 万—3000 万日元的人群对安倍政权的评价最高，而超过这个金额范围后，对安倍政权做出负面评价的人增多。这与学历和年收入情况相同，金融资产同样呈现出随着资产增多对安倍政权做出负面评价的人也会增多的趋势，同时保持中立不予置评的人则会减少。

那么，父母是资本家，可以从父母那里继承高额遗产的人们情况又如何呢？针对"请就你从父母（包括配偶的父母）那里继承的财产进行回答。包括遗产继承、生前赠予、名义变更、公司名义等方面的继承"这一问题，选择"继承了建筑物"的人对安倍政权做出正面评价的多达 50%。

另外，选择"继承了 1000 万日元以上的存款/有价证券等"的人对安倍政权做出负面评价的也多达 49%，选择"继承了土地"的人也有 46% 对安倍政权做出了负面评价。而没有继承财产的人对安倍政权做出正面评价的占比较少，约为 38%。

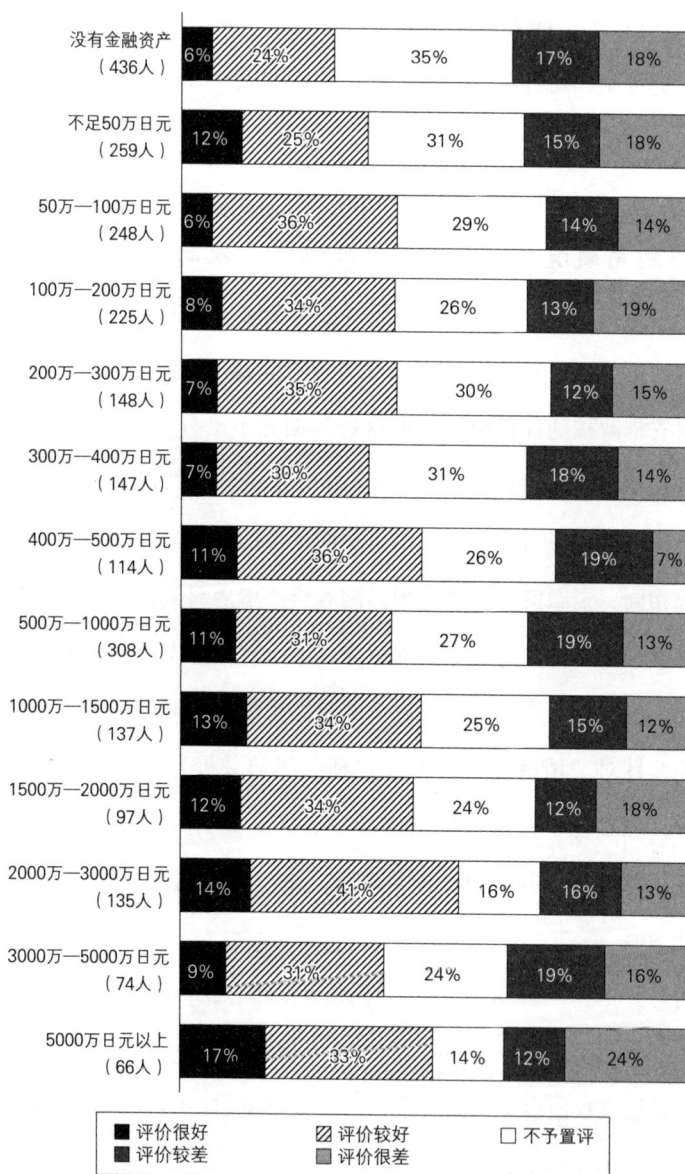

没有金融资产 （436人）	6%	24%	35%	17%	18%
不足50万日元 （259人）	12%	25%	31%	15%	18%
50万—100万日元 （248人）	6%	36%	29%	14%	14%
100万—200万日元 （225人）	8%	34%	26%	13%	19%
200万—300万日元 （148人）	7%	35%	30%	12%	15%
300万—400万日元 （147人）	7%	30%	31%	18%	14%
400万—500万日元 （114人）	11%	36%	26%	19%	7%
500万—1000万日元 （308人）	11%	31%	27%	19%	13%
1000万—1500万日元 （137人）	13%	34%	25%	15%	12%
1500万—2000万日元 （97人）	12%	34%	24%	12%	18%
2000万—3000万日元 （135人）	14%	41%	16%	16%	13%
3000万—5000万日元 （74人）	9%	31%	24%	19%	16%
5000万日元以上 （66人）	17%	33%	14%	12%	24%

■ 评价很好   ▨ 评价较好   □ 不予置评
■ 评价较差   ▨ 评价很差

出处：下流社会15年后研究会 "现代日本人的意识与价值观调查"（2020）。

图3-6　安倍政权评价（金融资产方面）

兼职和派遣人群对安倍政权评价较低

我们还从正规雇用、兼职（打工）、派遣、自营业等不同就业形式方面统计了人们对安倍政权的评价，结果显示男性公务员对安倍政权的评价较高，而女性自由职业者对安倍政权的评价较低（图 3-7）。

男性公司代表/董事/自营业对安倍政权"评价很好"的占 19%，从事业务委托/合同工的男性对安倍政权"评价很好"的占 18%。和对安倍政权"评价比较好"的人数合计来看，对安倍政权做出正面评价的男性公务员占 53%，男性正规雇员占 46%。但是男性兼职/派遣员工对安倍政权做出正面评价的人数较少，仅占 36%。虽然我不太理解从事业务委托/合同工男性为何对安倍政权评价较高，或许与他们比兼职和派遣员工收入高有一定的关系。

对安倍政权评价较低的是女性自由职业者/其他，约占 28%。女性兼职/派遣次之，占比 31%，女性公务员则为 35%。

虽然我们也从正规雇用的资本金与收入方面对安倍政权评价进行了统计，但并没有发现什么有意义的差异。在正规雇用形式下，存在职位越高对安倍政权就评价越高的倾向。另外，正规雇用的女性对安倍政权给予正面评价的占 38%，与男性的 46% 存在一定的差距。

离异女性对安倍政权评价较低

在上述调查中，从事兼职/派遣工作的女性对安倍政权做出正面评价的为 31%，做出负面评价的为 30%，做出正面评价和负面评价人数几乎相同。

男　性

| 公务员（89人） | 15% | 38% | 26% | 11% | 10% |

公司代表/董事/自营业（92人） 19% 32% 15% 16% 19%

业务委托/合同工（22人） 18% 32% 18% 18% 14%

正规雇用（76人） 12% 34% 23% 14% 17%

自由职业/其他（53人） 15% 28% 30% 15% 11%

兼职/派遣（89人） 10% 26% 25% 15% 25%

女　性

业务委托/合同工（58人） 16% 26% 35% 14% 10%

公司代表/董事/自营业（30人） 17% 23% 20% 23% 17%

正规雇用（318人） 7% 31% 33% 16% 16%

公务员（23人） 13% 22% 35% 22% 9%

兼职/派遣（305人） 5% 26% 39% 17% 13%

自由职业/其他（32人） 28% 25% 22% 25%

■ 评价很好　　　 ▨ 评价较好　　　 □ 不予置评
■ 评价较差　　　 ■ 评价很差

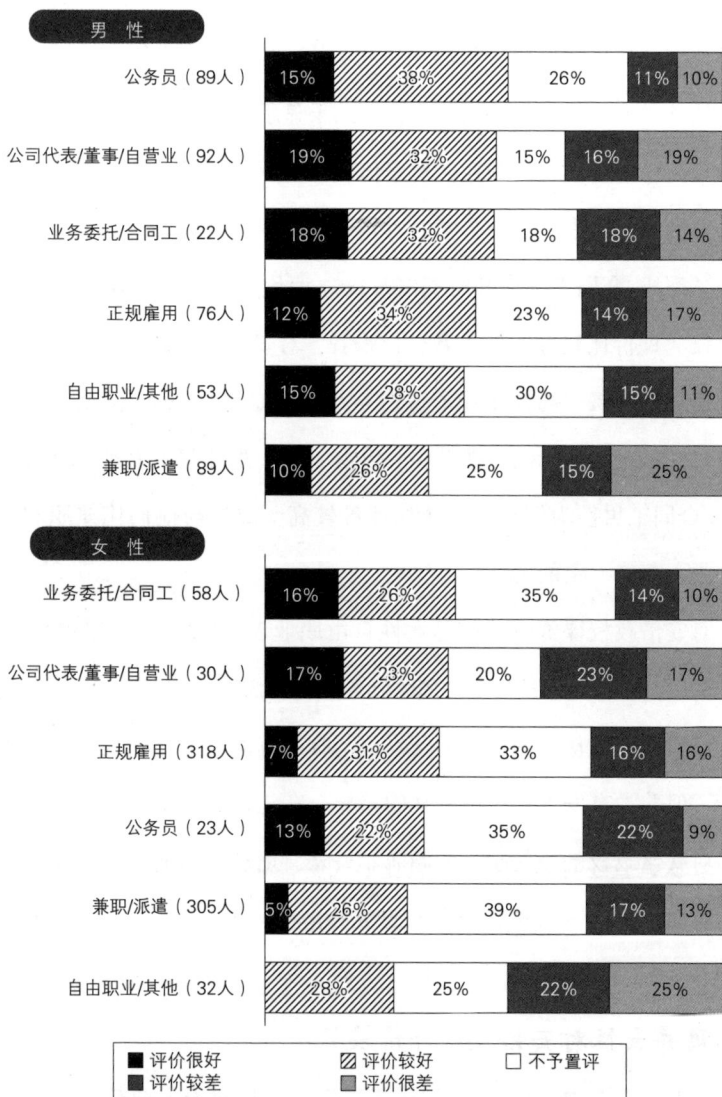

出处：下流社会 15 年后研究会 "现代日本人的意识与价值观调查"（2020）。

图 3-7　安倍政权评价男女不同就业形式（按照正面评价高低顺序）

我们又对从事兼职/派遣工作的女性的婚姻状况进行了进一步调查，结果显示已婚女性对安倍政权给予正面评价的占 32%，未婚女性对安倍政权给予正面评价的占 33%，二者之间并没有差异。另外，离异女性（27 人）对安倍政权做出正面评价的占 27%，可见离异女性对安倍政权的评价较低。

我之前认为离异女性对安倍政权评价较低的原因是单亲母亲较多，但实际的调查结果显示，有无子女对安倍政权的评价并无影响。没有子女的离异女性对安倍政权的评价同样很低。

作为公司代表/董事/自营业的女性和从事自由职业的女性对安倍政权做出负面评价的多达 40% 以上，这一数据也同样引人注目，与从事兼职/派遣工作的男性对安培政权的负面评价比例相同。女性在从事商业活动时，会碰到很多男性不会碰到的障碍壁垒。女性较多的负面评价大概源于对这些障碍壁垒的不满。除此之外，性骚扰或许也是其原因之一。

实现阶层提升的女性对安倍政权评价较高

本次调查还对调查对象的就业形式变迁进行了调查，我们对"从毕业到目前的就业形式更接近以下哪一项"这一问题，设置了以下选项："一直是正规雇用""最初是正规雇用，近几年是非正规雇用/自由职业/自营业""最初是非正规雇用/自由职业/自营业，近几年是正规雇用""一直是非正规雇用/自由职业/自营业"。

从不同的就业形式变迁来看人们对安倍政权的评价，会发现一直是正规雇用的人比一直是非正规雇用的人对安倍政权的评价更高

（图 3-8），这也和预测相符。

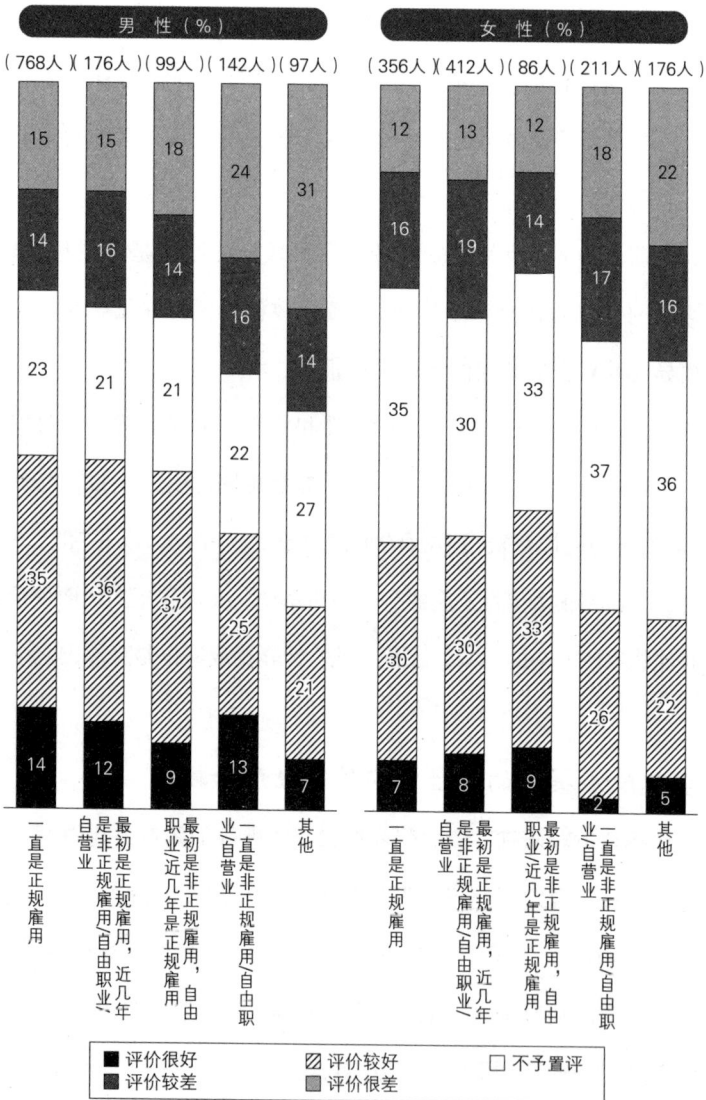

出处：下流社会 15 年后研究会 "现代日本人的意识与价值观调查"（2020）。

图 3-8　安倍政权评价男女就业形式变迁

男性无论"最初是正规雇用，近几年是非正规雇用"还是"最初是非正规雇用，近几年是正规雇用"的人，都对安倍政权做出了较高评价，只有"一直是非正规雇用"的人对安倍政权的评价较低。可见由于就职冰河期等原因没有得到正规雇用机会的男性对安倍政权的评价较差。

女性中，比起"一直是正规雇用"，"最初是非正规雇用，近几年是正规雇用"的女性对安倍政权的评价更高。我认为，这也意味着实现了阶层上升的女性对安倍政权的评价会相应提高。这或许就是安倍所提倡的构建"能让女性发光"的社会的政策成果吧。

为何安倍政权在家庭主妇中不受欢迎

家庭主妇对安倍政权的评价如下：正面评价占 34%，中立占 33%，负面评价占 33%，恰好呈现三等分。这与女性整体对安倍政权的评价大致相同。家庭主妇通常较为保守，我之前认为家庭主妇对安倍政权的评价高于女性平均评价，但是事实并非如此。

本次调查的结果确实显示出家庭主妇对于生活的满意度和幸福度都比较高，对于未来的担忧比较少。大部分家庭主妇的阶层意识是"中"，阶层意识为"中下"和"下"的比较少。这看起来似乎并没有什么问题。

那么为何家庭主妇对安倍政权的评价并不高呢？这是个值得深思的问题。

我们进行了各种各样的统计调查，发现家庭主妇对于安倍政权的评价并未受到其配偶收入的影响，但是在配偶的职业是自营业或者在夫妻双方学历都较低的情况下，对安倍政权做出负面评价的人数会稍有增多。

另外，从家庭主妇就业形式的变迁来看，进入社会后一直从事正规雇用工作的人对安倍政权给予负面评价的多达43%。而从学历方面来看，从"下位大学/短期大学/职业学校"毕业后一直从事正规雇用工作的人对安倍政权给予负面评价的更多，约为49%。

也就是说，在结婚生子之前一直从事正规雇用工作的家庭主妇对安倍政权的评价很低。学历低却能够得到正规雇用的女性（在泡沫时代参加工作的45—54岁女性就是如此）在结婚生子成为家庭主妇后，很难再回归社会。她们即便想在社会上发光发热也没有机会。我们推测正是由于这种情况才导致了她们对安倍政权较低的评价。

作为比较对象，我们也来看一下正在休育儿假的已婚女性对安倍政权的评价。从结果来看，她们对安倍政权的评价非常高，其中给予正面评价的多达63%。这大概是由于这些女性中有59%都是正规雇用，拥有能休育儿假的职场环境。已婚女性中对安倍政权做出如此高评价的正是这些年轻、学历高并且得到正规雇用，拥有优越的职场环境的女性。

高学历非正式员工和研究生以上学历女性对安倍政权评价极低

从学历和阶层意识来看，研究生院/上位大学毕业但阶层意识为"中下"的人对安倍做出负面评价的男女合计为37%，这与全体"中下"阶层的评价相同。

另外,中位大学毕业但阶层意识为"中下"的人对安倍政权给予负面评价的为43%,比全体"中下"的评价多六个百分点。

也就是说,中位大学以上学历且阶层意识为"中下"的人对安倍政权的评价较低。

这个结果应该与收入有关。上位/中位大学毕业但年收入不满200万日元的男性对安倍政权做出负面评价的多达40%。而研究生院/上位大学毕业但年收入不满400万日元的女性对安倍政权做出负面评价的大约为37%。

另外,从学历与就业形式来看,大学以上学历从事兼职/派遣工作的男性对安倍政权做出负面评价的几乎达到50%,比高中及以下学历从事同类工作的男性40%的负面评价更多。女性上位大学毕业且从事兼职/派遣等工作的人中对安倍政权给予负面评价的占40%。

由于就职冰河期等原因,有些女性没有找到与自己学历匹配的工作,成为正式员工。虽然她们的年龄在增加,但是收入却依然很低。这些女性对安倍政权的评价应该很低。

研究生院毕业的女性对安倍政权给予负面评价的为45%,研究生院毕业且被正规雇用的女性也有63%对安倍政权给予了负面评价。或许能够考入研究生院的女性本就与安倍政权的反知性主义存在根本的对立。

虽然安倍提倡"让女性能够发光的社会",但在国会议员和民间企业管理层中并没有出现女性比例增加等能够显示女性地位上升的情况。学历越高的女性对此越不满,因为这些有实力、有能力的高学历女性,在男性社会中碰壁的情况更多。

3-2 安倍政权评价与阶层意识·人生观·日本认知

阶层意识越高对安倍政权的评价也越高，但是"下流"中也有很多人对安倍政权给予了较高评价。本节将会对安倍政权评价与意识/价值观的关系进行分析。在此之前，我们先来看一下不同性别年龄人群的阶层意识（图 3-9）。

从不同性别年龄来看人们的阶层意识，我们发现 25—34 岁的年轻人群体中阶层意识为"中"的比较多，特别是女性阶层意识为"中"的占比高达 47%。45—54 岁女性阶层意识为"中下"的占比多达 32%，与男性一样出现了阶层意识的下滑。

其次，我们从不同性别的四种阶层意识来看对安倍政权的五种评价。结果显示，阶层意识越高对安倍政权的评价越高，阶层意识越低对安倍政权的评价也越低，这种倾向十分明显（图 3-10）。

特别是男性阶层意识为"上"的人对安倍政权做出正面评价的多达 60%，而阶层意识为"下"的男性对安倍政权做出正面评价的为 41%，两者之间有较大差距。另外，阶层意识为"中下"和"下"的人群对安倍政权给予负面评价的超过四成。令人惊讶的是阶层意识为"下"的人竟然也有 41% 对安倍政权给予了正面评价，这与负面评价比例仅相差两个百分点。

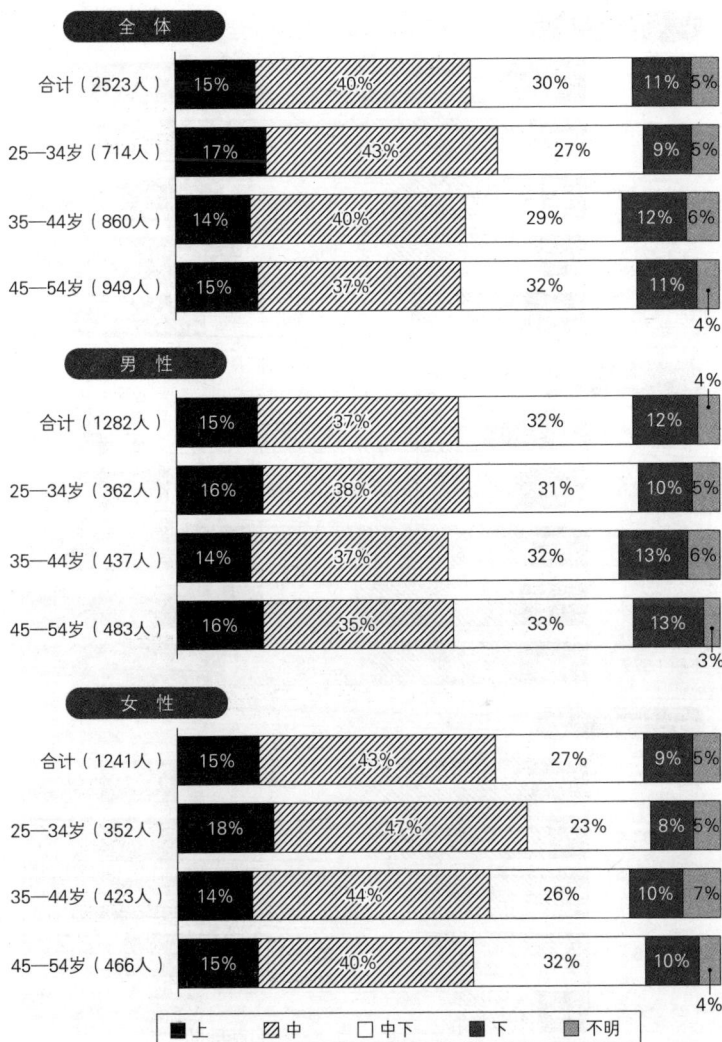

出处：下流社会 15 年后研究会 "现代日本人的意识与价值观调查"（2020）。

图 3-9　阶层意识（不同性别年龄）

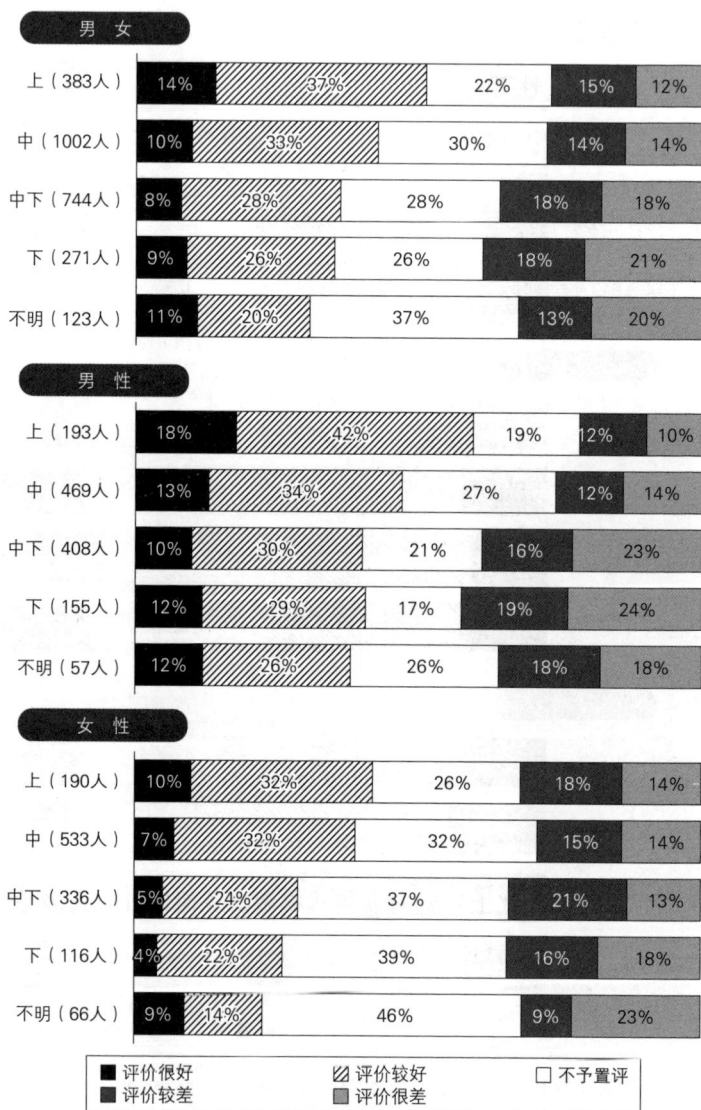

图 3-10　安倍政权评价（不同性别阶层意识）

女性的阶层意识与安倍政权评价的关系更加清晰，阶层意识为"中下"和"下"的女性对安倍政权做出正面评价的仅不足三成。但是女性人群中并没有呈现出阶层意识越低对安倍负面评价越多的倾向。

对安倍政权保持中立的女性却显示出随着阶层意识降低而增多的特征。这些女性对安倍政权的思想并不清楚。虽然自己在经济方面并没有得到好处，但是安倍的成长背景似乎很好，外表看起来也不错。在这种想法下，对安倍政权保持中立的人比较多。

处于上层阶级却对安倍政权评价较低的人是谁？

通过以上分析，我们了解到阶层意识为"上"的也有人对安倍政权评价较低，而阶层意识为"下"的也有人对安倍政权给予了很高评价。这究竟是什么原因呢？

从性别来看，阶层意识为"上"却对安倍政权做出负面评价的女性多于男性，多达 59%。阶层意识为"中"且对安倍政权做出负面评价的同样是女性较多，占比为 56%。

男性阶层意识为"上"却对安倍政权做出负面评价的大多是 45—54 岁的男性，占比高达 56%。从学历方面来看，高学历男性对安倍政权给予负面评价的较多，其中 63% 为大学以上学历。阶层意识为上的男性白领对安倍政权给予负面评价的比例为 85%、男性公务员为 20%，年收入超过 600 万日元的男性为 77%。

另外，阶层意识为"上"却对安倍政权评价较低的 45—54 岁女性占 44%，上位大学以上学历女性占 44%，可见阶层意识为"上"却对安倍政权评价较低的多为中年女性。

除此之外，阶层意识为"上"却对安倍政权评价较低的女性白领占71%，正规雇用女性占54%，年收入超过400万日元的女性占26%。由此可以推测对安倍评价较高的商业女性与对安倍评价较低的女性学者和知识女性形成了对抗。

由此可见，无论男女，在阶层意识为"上"却对安倍评价较低的所谓知识分子阶层、自由主义者人数也不少，这一猜测（我一直这么认为）通过数据得到了论证。

处于下流阶级却对安倍政权做出高度评价的人是谁？

阶层意识为"下"的男性对安倍政权给予较高评价的人数较多，占比67%。从年龄来看，其中45—54岁男性较多，占46%，也就是说阶级意识为"下"的中年男性对安倍政权的评价较高（表3-3）。从学历来看，高中以下学历较多，为38%，从职业来看蓝领较多，为32%，从事兼职/派遣工作的也比较多，占20%，公司代表/董事/自营业占17%。从收入来看，年收入不足200万日元的较多，为48%。虽然不能断言阶层意识为"下"并且对安倍政权评价很低的人就是下流阶层，但至少也是接近下流阶层的人们。

阶层意识为"下"却对安倍政权给予较高评价的女性群体，同样是45—54岁的女性较多，占52%。从职业形式来看，公司代表/董事/自营业占17%，从事业务委托/合同工的较多，占22%（表3-4）。

表3-3　从四种阶层意识来看安倍政权评价（男性）

		全体	正面评价上	正面评价中	正面评价中下	正面评价下	负面评价上	负面评价中	负面评价中下	负面评价下
	人数	950	114	220	165	63	43	121	158	66
年龄	25—34岁	28%	27%	28%	33%	21%	19%	24%	18%	21%
	35—44岁	34%	36%	33%	33%	33%	26%	32%	35%	38%
	45—54岁	38%	37%	40%	34%	46%	56%	44%	47%	41%
学历	上位大学以上	26%	46%	32%	21%	18%	63%	29%	16%	11%
	中位大学	25%	33%	29%	23%	19%	21%	23%	29%	14%
	下位大学/短期大学/职业学校	23%	15%	20%	27%	25%	7%	27%	22%	24%
	高中以下	26%	7%	20%	29%	38%	9%	21%	34%	52%
职业	白领	57%	71%	63%	53%	44%	85%	64%	45%	26%
	灰领	16%	18%	17%	18%	24%	10%	17%	13%	26%
	蓝领及其他	27%	11%	21%	29%	32%	5%	19%	42%	47%
就业形式	正规雇用	69%	71%	74%	65%	54%	71%	76%	70%	42%
	兼职/派遣	8%	1%	3%	12%	20%	2%	6%	10%	34%
	公司代表/董事/自营业	8%	9%	7%	11%	17%	7%	6%	10%	13%
	公务员	8%	10%	12%	5%	5%	20%	5%	4%	0%
	业务委托/合同工	2%	3%	2%	1%	0%	0%	1%	2%	5%
	自由职业及其他	5%	7%	1%	6%	5%	0%	5%	4%	5%
年收入	不足200万日元	21%	9%	7%	21%	48%	7%	15%	23%	64%
	200万—400万日元	23%	11%	20%	34%	29%	2%	18%	28%	27%
	400万—600万日元	27%	19%	35%	33%	16%	9%	21%	34%	5%
	600万日元以上	26%	60%	35%	9%	6%	77%	41%	10%	3%

注：省略了小数点后的数字，因此有时合计不足 100，有时合计超过 100。

出处：下流社会 15 年后研究会"现代日本人的意识与坐标观调整"（2020）。

表3-4　从四种阶层意识来看安倍政权评价（女性）

		全体	正面评价上	正面评价中	正面评价中下	正面评价下	负面评价上	负面评价中	负面评价中下	负面评价下
	人数	778	79	207	98	62	156	115	40	21
年龄	25—34岁	28%	34%	34%	25%	10%	26%	21%	24%	20%
	35—44岁	34%	30%	33%	34%	39%	31%	35%	29%	43%
	45—54岁	38%	35%	33%	42%	52%	44%	44%	47%	38%
学历	上位大学以上	15%	34%	15%	11%	7%	44%	15%	12%	10%
	中位大学	20%	23%	27%	16%	10%	23%	22%	18%	5%
	下位大学/短期大学/职业学校	37%	30%	33%	35%	48%	23%	39%	43%	35%
	高中以下	28%	13%	26%	38%	36%	11%	23%	27%	50%
职业	白领	60%	66%	59%	60%	44%	71%	60%	66%	44%
	灰领	26%	15%	31%	32%	33%	15%	29%	25%	24%
	蓝领及其他	14%	19%	11%	8%	22%	15%	11%	9%	32%
就业形式	正规雇用	42%	57%	42%	51%	28%	54%	42%	34%	28%
	兼职/派遣	40%	26%	37%	40%	28%	27%	40%	46%	40%
	公司代表/董事/自营业	4%	4%	5%	1%	17%	7%	3%	5%	12%
	公务员	3%	6%	3%	0%	0%	2%	3%	3%	4%
	业务委托/合同工	8%	0%	11%	4%	22%	5%	7%	5%	12%
	自由职业及其他	4%	6%	2%	3%	6%	5%	6%	8%	4%
年收入	不足200万日元	60%	54%	61%	54%	61%	48%	58%	73%	73%
	200万—400万日元	23%	15%	24%	32%	23%	16%	24%	18%	20%
	400万—600万日元	8%	18%	9%	8%	7%	8%	10%	5%	3%
	600万日元以上	4%	10%	2%	1%	0%	18%	5%	0%	0%

注：省略了小数点后的数字，因此有时合计不足100，有时合计超过100。

出处：下流社会15年后研究会"现代日本人的意识与坐标观调整"（2020）。

安倍晋三十分受下流泡沫世代的欢迎

本次调查也从三个年龄阶段以及四种阶层意识统计了男性对安倍政权的评价。结果显示，阶层意识为"下"的男性年龄越大对安倍政权给予高评价的越多（图 3-11）。而这种倾向在上流和中流中并没有出现。虽然这个统计的统计学意义并不大，但却是一个令人感兴趣的倾向，因此我们结合推测来对此结果进一步探讨。

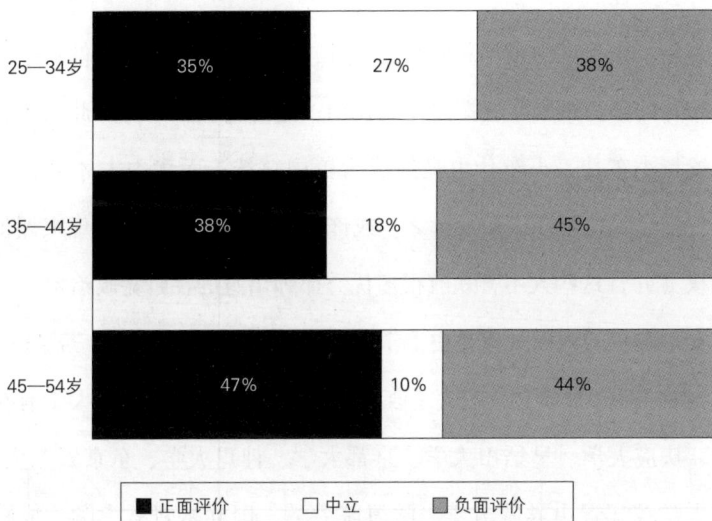

出处：下流社会 15 年后研究会"现代日本人的意识与价值观调查"（2020）。

图 3-11　安倍政权评价阶层意识为"下"的男性（不同年龄段）

首先，我认为有可能是由于安倍并非毕业于东京大学等一流大学，而是成蹊大学出身，这一点可能使下流人群对他的评价产生了有利的影响。对于阶层意识和学历较低的人们来说，一流大学毕业的首相距离他们太遥远，但如果是成蹊大学的话，自己身边的同学也是有可能考上的。

安倍有时会说一些低级的谎言，身上也有有钱人的缺点，但是外表看起来比较阳光，似乎人品也不错。如果不是因为继承了父母的事业，他应该也不会成为人上人。这也是人们认为他有意思的地方，能让人感受到他身上有普通人的一面。因此人们看到安倍时，就像是看着与自己生活在同一个生活圈的朋友一样，有一种亲近感①。而与安倍相比，菅直人前首相看起来就像坏掉的机器人一样，令人感觉很死板，无法像朋友一样去交往。

当年小布什成为美国总统候选人时，就经常被人说长得像猴子，反对小布什的势力也常常会揶揄他的长相。但是据说正因为如此，才有很多人支持小布什，小布什也最终成为美国总统。而优秀人才克林顿夫妇，特别是希拉里让人敬而远之。或许也有人抱着同样的心理来评价安倍政权（并且这些人不喜欢有很多优秀律师出身的在野党政治家）。

安倍政权的内阁大概是史上学历最低的内阁。例如，第三次安倍内阁（2014 年 12 月成立，包含了改造后的内阁）官员的出身大学有东京大学、庆应大学、早稻田大学、京都大学、神户大学、东京农工大学、防卫大学校、青山学院大学、学习院大学、国际基督教大学、成蹊大学、圣心女子大学、中央大学、法政大学、专修大学、上智大学、玉川大学、日本大学、明治大学、立教大学等。涵盖了从早庆上智、MARCH 到日东驹专等范围广泛且大众化的诸多大学。

我依然记得自己小时候在报纸上看到佐藤荣作内阁官员几乎都是东

---

① 著有《矛盾社会序论》的御田寺圭说：在 TikTok 上，安倍首相被大家看作是一位温和的大叔，能够很亲近地开玩笑。

京大学出身时感到十分惊讶。为了确认这一信息，我又在网上重新查了当时的内阁成员，果然几乎都是东京大学毕业的。他们中大多是官僚出身，如果要问这是否是优良的政治条件，我认为也不能一概而论。但无论如何，国民都希望领导一个国家的阁僚是头脑冷静、思想活跃的。

综上所述，在对安倍政权给予较高评价的人群中也有不少低学历"下流"男性，并且他们也像后面将要论述的那样，在思想上拥有爱国、复古、排外的价值观。也就是说在东大精英官僚与下流男性中间还存在着大众学历的阁僚。从这个意义上来说，下流男性支持安倍政权也是在大众政治时代应有的现象。

网络上还能看到有人得意地上传写着"见到了安倍首相，他还和我击掌了！"字样的视频，或者介绍自己制作的"安倍口罩"便当的视频，还有将安倍在会见时的脸进行可爱修图的视频等，这些视频都获得了很多的点赞。安倍的外表和他在私下展现的"自然不做作"的行为也很相符，像一个和蔼的大叔一般受到了大家的欢迎。

然而有些支持在野党的所谓的文化人却对着"可爱的"安倍首相大骂"安倍去死"，这让年轻人无法忍受。虽然中老年人群（特别是被称为精英的高学历人群）认为批判政治是理所当然的权利，但是年轻人却认为只会一味批判的"家伙们太烦、太阴险"（御田寺圭：《为何年轻人支持安倍晋三》，《现代经济》2020年6月20日）。

但是把安倍描写得如此可爱的年轻女性是否是真实存在的也值得怀疑。她们是否是被广告公司或某些人雇用，才写了这些投稿呢？在现代社会，我们也无法轻易地去相信这些年轻女孩子。

就算真有这些女孩儿，如果安倍真的可爱的话就没必要再去把他加工成可爱的样子，或许是因为他不可爱才故意把他加工成可爱的样子，这种解释也是成立的。

我认为在网络上投稿的人，包括我自己都有在扮演虚构的自己或被期待的自己的一面。网络上也有无数只为了搞笑或博眼球的内容。因此我们需要注意不要过度评价仅在网络上出现的现象。从这个意义上来说，对于御田寺的分析也应当谨慎解读。

另外，也有人指出现代的年轻人厌恶"批判"。成蹊大学教授同时也是政治学者的野口雅弘说："沟通能力"就是"巧妙地避开在沟通中出现的摩擦、误解、龃龉，以及由此产生的尴尬气氛，并避免发生无法挽回的麻烦事态"。如果按照这个思路来考虑，在野党"总是找问题挑毛病，颠三倒四"的做法非常容易被看作"沟通障碍症"。"若不想被认为是沟通障碍症，就必须注意不要展现在野党的做派"。如果一直执着于挑毛病，就会被人们认为是"屡教不改"。野口任职的大学正是安倍出身的成蹊大学，这一点也令人很感兴趣。也许有人认为他的说法存在偏袒的成分，但我认为并非如此，野口所指的应该只是非常普遍的学生、年轻人的心理。年轻人认为一味批判就是没有眼色、破坏气氛，甚至是欺凌。我也见过一些高中生，他们认为安倍首相总是被在野党欺负，非常可怜。

安倍政权评价与正义感的衰弱

下面我们来探讨人生观对安倍政权评价的影响。从价值观方面来看，选择 "正志向＝尽可能使社会向正确的方向改变" 的人群对安倍政权评价很好的占 2.1%，评价比较好的占 1.4%，可见 "正志向" 人群对安倍政权做出正面评价的非常少（图 3-12）。而 "利志向＝提高收入、增加存款和资产" 人群中对安倍政权评价很好的占 14.1%，略高于 "正志向"。比起政治是否正确，"利志向" 人群更注重赚钱。

对安倍政权评价很差的人 "正志向" 占 7%，"爱志向＝与家人朋友保持良好的关系" 占 24.9%，大概是由于此类人群中未婚者较多。

结合年龄来看，25—34 岁且对安倍政权 "评价很差" 的人 "正志向" 占 12%，"爱志向" 占 12%。可见对安倍政权评价很差的年轻人具有年轻人特有的正义感。但是这些年轻人似乎也有被年轻人群体内部揶揄为 "正义代言人" 的倾向。

如第二章指出的那样，社会上 "正志向＝与大家齐心协力使社会变得更加美好" 正在减少。在 NHK 放送文化研究所的调查开始的 1973 年，正志向价值观约占 14%，但在最近的一次 2018 年的调查中仅剩下 4%。

安倍前首相曾在国会上进行了多达 118 次的虚假答辩，但内阁支持率依然没有下降，这似乎也与 "正志向" 的衰退有关。虽然在野党多次追究安倍的虚假答辩，但依然没有得到任何结果。这大概也与全体国民 "正志向" 普遍衰退这一大背景有密切的关系。

战后，日本以民主主义国家为目标，经过三十年的努力，在 20 世纪 70 年代中期达到了中流社会的巅峰时期。这次的调查对象中 25—34 岁的年轻人在当时还没有出生，或者还是小孩。在他们看来，无论民主

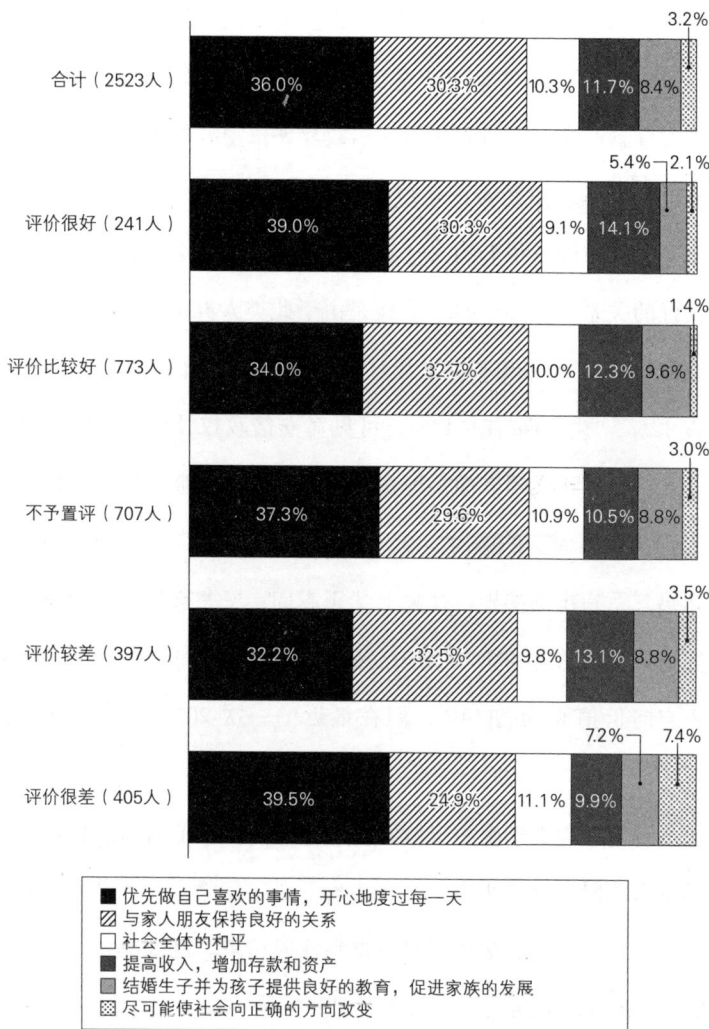

出处：下流社会 15 年后研究会 "现代日本人的意识与价值观调查"（2020）。

图 3-12　安倍政权评价 不同人生观

主义还是中流社会都是理所当然的，因此也就完全感受不到有"把世界变美好"的必要。

在2021年的东京奥运会筹备期间，森喜朗委员长和佐佐木宏因为在发言中歧视女性而遭到批判。小山田圭吾因为欺凌残疾人事件而遭到指责，太田光为了包庇小山田说：应该把这个问题放在20世纪90年代的时代背景中考虑。在小山田辞任后，小山田的表弟、音乐制作人田边晋太郎在推特上发言："是的，主张正义的人愿望实现了，真是太好了啊!"本以为这一系列事件到此也该结束了，没想到不久后以大屠杀开玩笑的小林贤太郎也辞任了。除此之外还出现了针对领取低保的民众的歧视性发言等，从这些事件能够感受到现在社会中最基本的正义感（即使有正义的想法也不能说出来的做法变成了常识）变得越来越淡薄。正是由于社会全体的"正志向"缺乏，所以才会出现这一系列的非正义言论。然而这种正义感的缺失在国际社会上却行不通。

20世纪80年代初期，日本的校园暴力问题升级，80年代后期校园霸凌问题达到最严重的时期。小山田、太田、田边、小林他们这代人正是在这一时期成为中学生的。他们在年轻时就经历了泡沫时代，或许也都曾经历过校园霸凌（当然这只是印象论）。还有一点令我个人感到十分惊讶，田边晋太郎的父母竟然是曾经的青春偶像组合歌手田边靖雄和九重佑三子（初代彗星公主）。

1964年举办东京奥运会时，我还只是一个上幼儿园的儿童。虽然当时还什么都不懂，但是印象中我仍然把奥运会看作是一种"理想时代"的祭典。"世界和平的祭典"这种理想在当时的冷战时期是不切实际的，因此才能成为一种理想。但是与当时的盛况相比，现在的奥运会除了运动员的拼搏努力带给我们的感动之外，其实质只不过是一场大型媒体活动罢了。

在资本主义世界里社会正志向在减弱？

20 世纪 80 年代，国民正志向减弱的背景中也存在政治因素。

在国际上，20 世纪 80 年代末期发生了柏林墙倒塌和苏联解体等社会主义国家的剧变。在日本国内，1993 年到 1998 年自民党下野后与社会党组成了联合政权等。在此期间发生了诸多意识形态的瓦解，导致世界上资本主义国家占了大多数。

在现在的 40 岁人群（1981 年出生）8 岁时发生了柏林墙倒塌，他们 12—17 岁时又发生了自民党下野及自社联合政权的成立和消亡。之后他们在敏感时期又经历了冷战格局的瓦解，并且在他们 20 多岁的 2009 年，成立仅 3 年的民主党政权也结束了。他们从十几岁到三十岁，是目睹着政治的混乱成长起来的。因此在他们看来，世界上只存在全球化的资本主义和以自民党为中心的政权。

"因胜利而闪闪发光的资本主义"变得越来越弱肉强食，崇尚新自由主义，向着扩大差距的方向发展。如果差距是不好的，那么就应该减少差距。但是冷战后的世界就连判断好坏的标准都不明确，人们想要消除带来资本主义矛盾的"恶"，但是修正的方式却是社会主义式的，这一点在当今的时代很难引起共鸣。

对于在这种时代背景下成长起来的一代人而言，把新自由主义的价值观内面化以适应时代就是所谓的"正义"。资本主义的修正首先要从环境问题对策开始，这方面的内容在畅销书《人新世的"资本论"》（斋藤幸平著）中也有过论述①。

自己的事情都忙不过来？

在内阁府"有关社会意识的舆论调查"中也显示出轻微的社会志向衰退倾向（图 3-13）。

在 2020 年的调查中向调查对象询问"在'应该更加关注国家和社会'（社会志向）和'应该更加重视个人生活的充实'（个人志向）两种意见中你更倾向于哪一种？"这一问题时，44.8% 的人选择了"应该更加关注国家和社会"，而 41.1% 的人选择了"应该更加重视个人生活的充实"。

从历年的情况来看，1985—2009 年"社会志向"呈现总体上升趋势，但在 2011 年之后"社会志向"开始减少，"个人志向"开始增多。近年来"社会志向"与"个人志向"几乎持平。

从年龄来看，18—29 岁群体的个人志向较高。从 2011 年到 2020 年的推移来看，越年轻的人群，社会志向越弱个人志向越强。

———————————

① 我对斋藤幸平提倡的"否定附加价值仅凭使用价值生存"的观点持反对态度。因为人们无法否定附加价值而仅凭借使用价值生存下去。绳文土器中也有一些可以比肩现代陶器的优秀设计，图案十分精美。人们从很久以前的太古时代就认识到这是不同于使用价值的价值。如果只注重使用价值的话，那么世界上的文化和艺术也将不复存在。那样的话所有人都穿着优衣库的衣服，衣服的颜色也只有白色。但事实上，就连预防疫情的口罩都不只白色，很多人戴着黑色或粉色或有图案的口罩。这正是因为人们无法仅仅满足于使用价值。我想几乎所有的人都不想生活在仅注重使用价值的世界，如果强行要求人们适应那样的世界，可能就要准备许多的监狱列岛了。

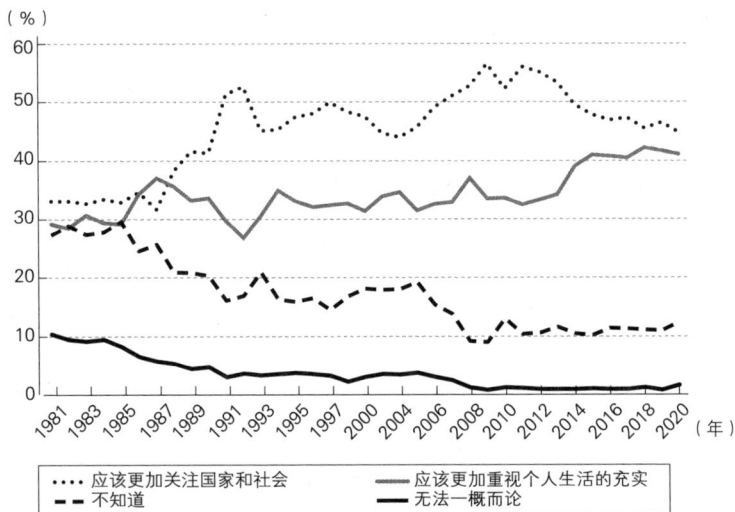

出处：日本内阁府"有关社会意识的舆论调查"。

图 3-13　社会志向与个人志向的推移

2011 年东日本大地震后，在大众媒体上"联系""羁绊"等词语变得流行起来，至今依然有很多以此为主题的电视节目。但是在社会意识方面，2011 年以后"社会志向"开始减少，而"个人志向"开始增多。这种反差实在是令人费解。

媒体难道是因为知道社会志向正在减少并且认为这种减少令人担忧，所以才特意去强调"联系"和"羁绊"的吗？我不认为有媒体会进行如此深入的分析和策划。那么到底是什么原因导致的呢？或许是因为作为媒体受众的普通人，对于媒体过度宣传"联系"和"羁绊"感到了厌烦。抑或是在下流化的生活中，人们顾不上去关心社会和其他人，甚至很多人连自己的事情都顾不过来。有关这方面的实际情况，我们也无法得知。

多数日本人不清楚宪法保障的权利

在 NHK 放送文化研究所的调查中，还有一点令我感到惊讶。那就是人们对于宪法赋予国民的权利这一问题的回答（表 3-5）。

表3-5 有关权利的认知

请从以下选项中选出你所认为的宪法中规定的国民权利，可多选。

	1973年	1978年	1983年	1988年	1993年	1998年	2003年	2008年	2013年	2018年
对外表达自己的想法	49.4	45.8	44.0	43.4	39.0	37.2	36.2	34.8	36.4	29.8
纳税	33.9	35.5	39.8	37.2	39.5	42.0	42.2	42.8	46.8	43.8
服从上级	5.6	5.7	8.3	7.7	6.7	7.0	6.6	7.1	8.0	6.0
右侧通行	19.9	19.3	18.8	16.5	15.3	15.5	14.6	14.9	14.8	12.2
有尊严地生活	69.6	69.6	77.2	76.3	75.2	75.5	75.5	77.1	77.9	74.2
成立工会	39.4	36.0	28.9	27.1	25.5	23.0	20.4	21.8	21.7	17.5
不清楚	7.8	7.0	4.3	6.0	5.7	4.3	5.0	5.4	3.9	4.8

出处：NHK 放送文化研究所"日本人的意识"调查。

调查对象中认为"对外表达自己的想法"也就是所谓的言论自由是自身权利的人只有 30%，并且这一比例从 1973 年的 49% 开始持续下降。

认为"成立工会"也就是结社自由是权利的只有 18%，这个数字也从 1973 年的 39% 开始持续下降。

"纳税"明明是义务，但认为纳税是权利的多达 44%，而这个数字从 1973 年的 34% 开始持续上升。

可见很多日本人连最基本的义务和权利都分不清楚，甚至大多数的人都把义务和权利意思混淆了。

不认为言论自由是受宪法保护的人，或许认为即使没有宪法的保护，自己也有言论的自由。或者说他们甚至都没有想过自由有可能会被威胁到。

这些对社会漠不关心的人可能并不明白为什么会发生战争，为什么要参与到明知会输的战争中，为什么日本有在日朝鲜人等问题。他们对历史同样漠不关心，甚至都无法理解为什么会有专门研究这些问题的学者。

2020年我看了一部叫作《书缘：纽约公共图书馆》的电影，感到十分震惊。在麦格劳希尔出版社制作的教科书上赫然写着"黑人是为了赚钱才来到美国大陆的"！说到麦格劳希尔出版社，它曾经与日本经济新闻社合并成立了日经麦格劳希尔公司，并发行了《日经经济》。也就是说，如果日本经济新闻出版社制作教科书的话，那么有可能在他们的教科书上会出现"在日朝鲜人是为了赚钱才来到日本的"这样的文字！

在"网络右翼"的网络发言中，好像确实出现过"在日朝鲜人是为了赚钱才来日本的"这样的言论。可能很多人在网络上看到过类似的言论。如果那些不懂历史的年轻人看了这些言论，很可能会信以为真。

喜欢平民主义却不喜欢民主主义

在NHK的调查中，"有尊严地生活"是对国民来说非常重要的权利。虽然自1973年开始调查以来数据偶有变化，但同意此观点的人几乎占七成以上。这大概与本次调查中发现大部分人"优先做自己喜欢的事情，开心地度过每一天"的价值观能够相互呼应。

　　但是，大多数人认为的"有尊严地生活"的意义中似乎并不包含言论自由和结社自由。那么，他们是否认为政治的事情交给政治家、官僚和精英们就好了呢？

　　根据本次调查关于"日本认知"的问题中，认为"政治的事情交给政治家和官僚们就好了"的人仅占 1.2%。似乎大多数人并不打算把政治交出去。我认为这种想法是很健全的。人们不认为应该把政治全部交给政治家和官僚，但是这并不代表他们会参与政治活动。

　　认为政治家素质能力低下的人占 32%。进一步统计发现，认为政治家素质能力低下的 794 人中有很多对安倍政权评价较低的下流人群。另一方面，认为"表达过于自由，应该有一定程度的限制"的 146 人中，有很多对安倍政权评价颇高的上流人群，并且阶层意识为"中"和"中下"的男性也比较多。

　　如上所述，日本在战后以民主主义国家为目标发展三十年后，到 20 世纪 70 年代后期，日本的中流社会达到了巅峰。对于本次调查对象中的 25—54 岁人群来说，无论是民主主义还是个人主义，抑或是中流社会都是社会上已经存在的，并不是自己努力提倡和获取的。民主主义、个人主义和中流社会的广泛普及说明这些本身是好的。但是不得不说，认为言论自由和结社自由是权利的人减少是一个相当危险的信号。

　　在大阪，围绕"维新"政治："表达自由展"发生了一系列的骚动，特别是为了让爱知县知事下台而发生的虚假募集签名事件等，令人震惊。这一系列的政治问题令人不禁感到，喜欢平民主义但不喜欢民主主义的政治家和国民越来越多。

3-3　安倍政权评价与媒体·消费

安倍支持者都是不读书的傻瓜?

有人说支持安倍政权的人都是反知性主义的,都是一些只会看电视、玩游戏,不喜欢读书的家伙。

本次调查也统计了对安倍政权持不同态度的人每年的读书量(包含电子书籍,但不包括漫画)。结果发现,对安倍政权"评价很好"的人群中,每年读书超过 50 本的占 10%,30—49 本的占 9%(图 3-14),是所有人群中读书最多的。每年读 10—19 本以上即每个月最少读一到两本书的人大约有三成以上。

从调查对象全体来看,完全不读书的人占 30%,每年读 1—4 本书的人占 29%,每年读 30 本以上的人占 12%。显然对安倍政权"评价很好"的人读书量也很多。

另一方面,对安倍政权"评价很差"的人中,每年读书超过 50 本的人也比较多,占 8%,而每年读书量少于 4 本的人同样比较多。虽然对安倍政权"评价很差"的人多数是收入、学历和阶层都较低的人群,但也有不少高收入、高学历、高阶层的人,这些人也对读书量的调查结果产生了影响。

当然,也不应该仅看读书量,读什么样的书也是非常重要的。加藤阳子、白井聪、东浩纪,以及百田尚树和桥下彻写的书应该算是人文系列书籍。即便属于经济学书籍,但宇泽弘文和竹中平藏也是有天壤之别的。因此,很难从人们阅读书籍的种类去判断读书与安倍政权评价之间的关系。

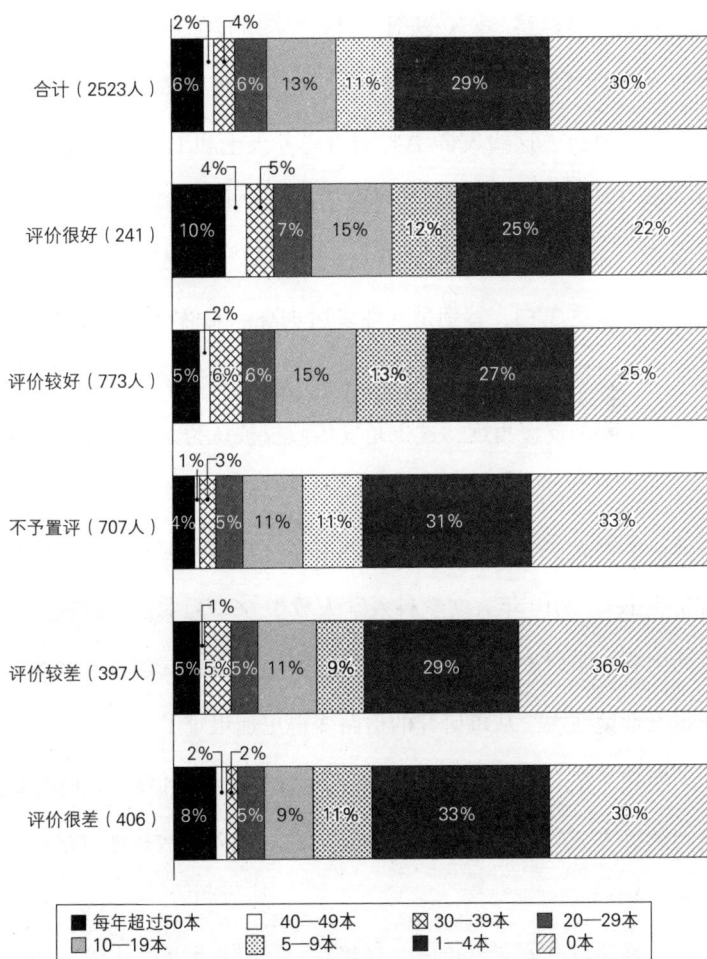

出处：下流社会 15 年后研究会 "现代日本人的意识与价值观调查"（2020）。

图 3-14　安倍政权评价（读书量）

人文系女性是天敌

对安倍政权评价高的人读书也较多。那么他们到底读的是那些类型的书籍呢?

调查发现读"经济/经营/法律"和"实用技能/经济学知识/自我启发"以及"理科类/技术类"书籍的人对安倍政权做出正面评价的多达55%（图3-15）。这些人群中典型的商务人士和IT人士比较多。阅读"科学类/技术类"书籍的女性对安倍政权做出正面评价的占51%。

而阅读"人文/社会/心理/教育/思想/新闻"类书籍的人对安倍做出负面评价的多达37%，特别是女性多达41%。安倍政权一直以来都轻视人文学科，重视有实用性的学科。削减了大学人文学科的预算，加大了对实用性学科的支援力度，这也是安倍政权被认为是反知性主义的依据之一。

另外，学习人文学科的女性比男性更多（根据文部科学省"学校基本调查报告书"，2019年人文学科入学人数中66%为女性。研究生院新入学女性中有一半以上进入了人文/社会学科）。因此，削减人文系的预算就使得女性留在大学从事研究的道路变得更加艰难了。

如上所述，很多具有研究生以上学历的女性对安倍政权评价很差。这应该与阅读人文类书籍的人（特别是女性）对安倍政权评价很低有一定的关系。

越是认真学习过人文类知识（思想/法哲学/日本近代史等）的人就越能够识破安倍的谎言以及自民党改宪案的卑劣。夸张一点说，安倍与人文系学科是天敌。虽然安倍政治一直宣称要创造让女性发光的社会，但我想他所说的女性仅仅是指能够赚钱的女性，而不是成为学者、挖掘历史真相的女性，他可能希望这样的女性能少一点。

因此，很多阅读人文类书籍的人对安倍政权评价较低。从这个意义

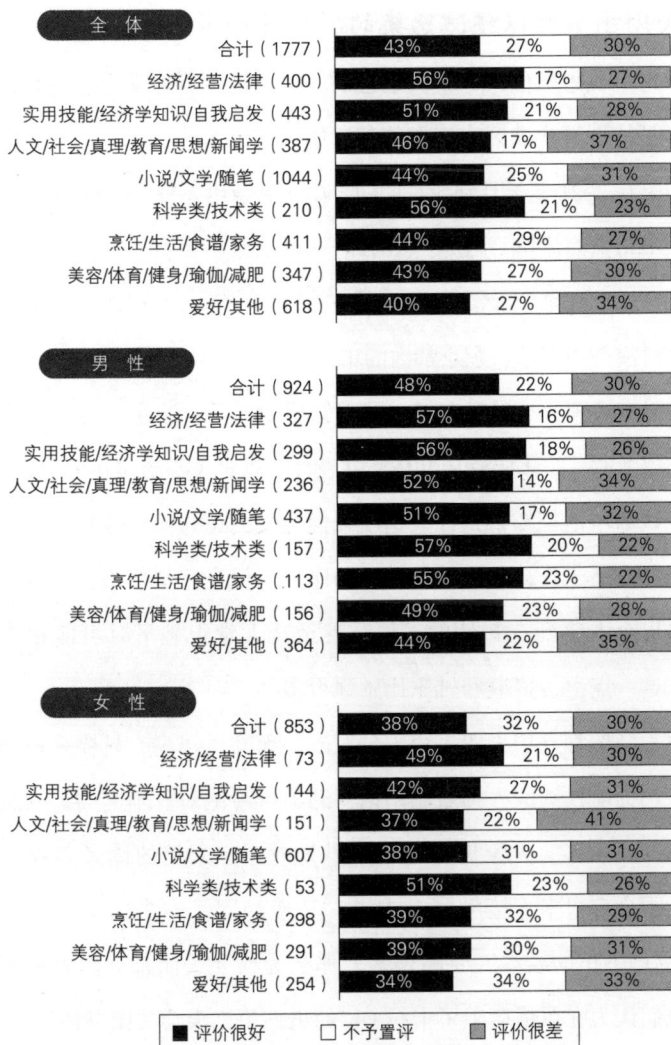

图 3-15　安倍政权评价 阅读书籍类型（多选）

全体	评价很好	不予置评	评价很差
合计（1777）	43%	27%	30%
经济/经营/法律（400）	56%	17%	27%
实用技能/经济学知识/自我启发（443）	51%	21%	28%
人文/社会/真理/教育/思想/新闻学（387）	46%	17%	37%
小说/文学/随笔（1044）	44%	25%	31%
科学类/技术类（210）	56%	21%	23%
烹饪/生活/食谱/家务（411）	44%	29%	27%
美容/体育/健身/瑜伽/减肥（347）	43%	27%	30%
爱好/其他（618）	40%	27%	34%

男性	评价很好	不予置评	评价很差
合计（924）	48%	22%	30%
经济/经营/法律（327）	57%	16%	27%
实用技能/经济学知识/自我启发（299）	56%	18%	26%
人文/社会/真理/教育/思想/新闻学（236）	52%	14%	34%
小说/文学/随笔（437）	51%	17%	32%
科学类/技术类（157）	57%	20%	22%
烹饪/生活/食谱/家务（113）	55%	23%	22%
美容/体育/健身/瑜伽/减肥（156）	49%	23%	28%
爱好/其他（364）	44%	22%	35%

女性	评价很好	不予置评	评价很差
合计（853）	38%	32%	30%
经济/经营/法律（73）	49%	21%	30%
实用技能/经济学知识/自我启发（144）	42%	27%	31%
人文/社会/真理/教育/思想/新闻学（151）	37%	22%	41%
小说/文学/随笔（607）	38%	31%	31%
科学类/技术类（53）	51%	23%	26%
烹饪/生活/食谱/家务（298）	39%	32%	29%
美容/体育/健身/瑜伽/减肥（291）	39%	30%	31%
爱好/其他（254）	34%	34%	33%

■ 评价很好　□ 不予置评　▨ 评价很差

出处：下流社会 15 年后研究会"现代日本人的意识与价值观调查"（2020）。

上说，拒绝了日本学术会议任命的东京大学教授加藤阳子正是具有高学历的人文系女性，她应该是安倍天敌中的天敌了吧。

关闭图书馆以预防感染的反知性知事

在这里我想顺便谈一下我最近的一些经历。我经常会去各地的图书馆，而且特别喜欢港区南麻布的都立中央图书馆。

但是在 2021 年 1 月到 5 月期间，由于紧急事态宣言及蔓延防止措施，中央图书馆全面休馆，因为去图书馆不属于紧要事宜。我的研究也因此停滞了。对于我来说，图书馆一直是必需的、随时有可能要去的重要场所。当时国会图书馆、东京都内的市立/区立图书馆，还有神奈川县立图书馆都没有封锁，为何只有都立图书馆要封锁呢？当街上的二手书店都被要求停业时，二手唱片店却依然在营业。这种种举措实在令人费解。

我认为小池都知事是在表达反知性主义的思想。小池知事曾长时间从事新闻主播工作，给人一种知性的印象。但是仔细想来，她的一言一行都难以令人感到有知性的一面，甚至让人觉得她平时可能根本不读书。在这一点上，猪濑和舛添比她强得多。

我喜爱的都立中央图书馆十分宽敞，天井也很高，只要采取通风措施并采用提前预约的入场限制的话，感染风险绝对算不上高。并且使用图书馆的人不多，大家也都是在默默地看书。入馆的读者兴趣多种多样，也不会有很多人接触同一本书。从接触同一本书的概率来看，市立/区立图书馆的绘本区要高得多。那么为何要关闭都立图书馆呢？难道是他们认为在风俗店唱了卡拉 OK 的男性第二天会去图书馆吗？

这是不可能的吧？那么让我带着不能去图书馆的怨恨来肆意地揣测一下原因吧。

① 图书馆职员中重视表达自由、言论自由的自由主义者较多，

令小池知事不满。

②图书馆有很多例如《女帝 小池百合子》，以及有关朝鲜人大屠杀、南京大屠杀、反对核电站、反对原子弹等反知事思想的书，令其不满。

③图书馆耗费成本却没有收益，想要以新冠病毒疫情为理由削减经费，裁掉非正规职员，甚至缩小图书馆的规模。

④中央图书馆所在的有栖川公园位置极佳，不如把图书馆的占地卖掉用来建造高级公寓，能获得更大的收益。如果在一楼再开上一家带书店的咖啡馆的话，那么愚蠢的都民们应该会很开心。

如果不是出于这样的考虑，我想实在是没有理由关闭图书馆。即使是像中曾根康弘和大平正芳等热爱读书的保守右翼政治家，也绝不会想到要关闭图书馆。如果都知事是美浓部亮吉或铃木俊一的话，应该也不会关闭图书馆。就算是没有高学历的田中角荣，也应该会因为十分重视教育而不会关闭图书馆。

当今的政治家中甚至有一些人连汉字都不认识，实在算不上喜欢读书，可能连图书馆都没去过。因此才会想到关闭所有人群聚集的场所这种低级的办法。

前几天，教育电视台上（因为我很讨厌现在所谓的"e电视"或"u邮件"等不明所以的称呼，因此依然使用旧称）聚集了很多古典音乐的指挥家，他们主张音乐不是"不必要不紧急"的，而是一直被人们需要的。的确如此，我没有一天不听音乐。也有很多每天都必须看电影和戏剧的人。特别是在东京更是如此。既然这样，那么为何还要关闭电影院、剧场和美术馆呢？果然还是政治家和官僚的反知性、没文化、缺乏素养越来越严重了吧。

证券交易商在读《日语灭亡时》

几年前，在与外资系证券公司的专家们见面时，发生了一件令我惊讶的事情。这些人都是在雷曼危机时从日本的证券公司跳槽到外资公司的人，他们之中有不少人在读水村美苗的《日语灭亡时》。

这些人都从事着对日本企业的投资的工作，时常在思考着日本的将来。少子高龄化、财政、社会保障等全部都在他们的头脑中，他们是研究企业行为的专家。

这些人居然在读《日语灭亡时》！随着全球化的发展，日语也许将不再被需要。这与日本的社会、经济、产业的发展方向息息相关。我以前实在无法想象证券交易商会从这种视角去阅读人文书籍，因此当我听说此事时感到十分惊讶。通过这件事，我终于能够理解"高学历、高收入的一流商人大多是热爱读书的人"这一调查结果了。

在智能手机上阅读书籍和漫画的年轻人与安倍政权评价的关系

很多人认为年轻人群支持安倍政权、支持自民党是因为他们不读报纸、只会在电视上收看娱乐节目、不关心政治等，而且他们与新闻接触的方式常常受到嘲讽。因此，本次调查也分析了媒体与安倍政权评价的关系。

　　安倍政权曾经积极地在动漫圣地秋叶原发表演讲，通过推特等社交媒体大量发声，把目光投向了习惯使用新媒体的年轻人。这些举动是否产生了效果呢？实际上，以线上游戏、游戏机游戏、手机游戏、读漫画作为休闲活动的人，对安倍政权评价高的大多是下流人群（表 3-6）①。此外，喜欢在手机上阅读书籍和漫画的人对安倍政权评价也较高（图 3-16）。

表3-6　休闲活动×安倍政权评价×三种阶层意识

	合计	正面评价上	正面评价中	正面评价下	正面评价阶层不明	中立、上	中立、中	中立、下	中立、阶层不明	负面评价、上	负面评价、中	负面评价、下	负面评价、阶层不明
人数（人）	2523	193	427	357	37	85	298	279	45	105	277	379	41
电脑游戏/线上游戏（%）	8	7	8	15	8	5	5	7	2	11	7	10	2
任天堂游戏机、PS4、Xbox360等家庭游戏机游戏（%）	13	11	16	18	16	9	11	9	7	15	11	16	9
3DS或PSP等可移动家庭游戏机游戏（%）	9	6	9	13	8	5	7	8	7	11	7	11	0
智能手机或可移动游戏机游戏（%）	20	19	21	26	24	14	18	20	20	20	19	21	7
线上竞技（通过电脑游戏、视频游戏等进行对战、竞技运动）（%）	1	2	2	2	0	3	1	1	0	0	0	1	0
读漫画（%）	27	22	25	35	24	27	22	28	29	31	22	31	17
读书（漫画除外）（%）	27	28	26	30	30	22	22	27	24	34	30	30	22

出处：下流社会 15 年后研究会。

————————

①　2021 年 8 月 3 日，中国新华社旗下的报纸《经济参考报》刊登了一篇名为《游戏是精神鸦片》的专栏文章，并发表了限制措施：从 9 月 1 日开始未满 18 岁的青少年可以玩线上游戏的时间被限定为学期中的星期五到星期日以及节假日的 20 点到 21 点。这一公告给全世界都带来了巨大冲击。线上游戏公司为了防止青少年谎报年龄登录游戏，甚至导入了实名确认系统。

136 |

是否符合在智能手机上读书籍/漫画

书籍

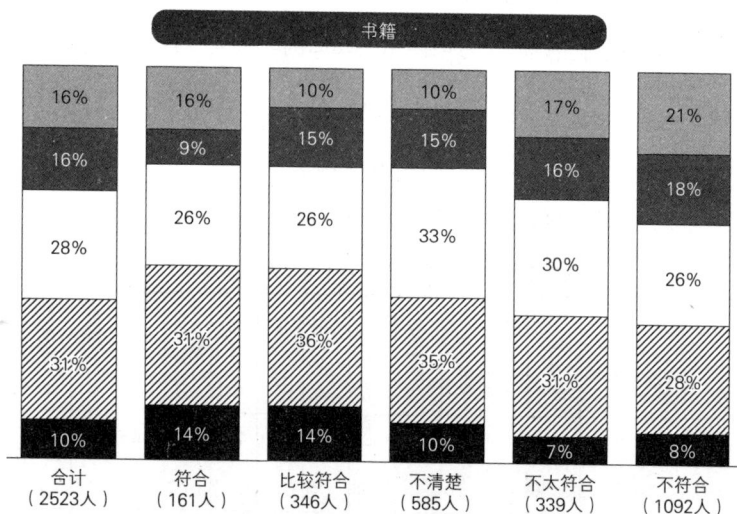

	合计 (2523人)	符合 (161人)	比较符合 (346人)	不清楚 (585人)	不太符合 (339人)	不符合 (1092人)
评价很差	16%	16%	10%	10%	17%	21%
评价较差	16%	9%	15%	15%	16%	18%
不予置评	28%	26%	26%	33%	30%	26%
评价较好	31%	31%	36%	35%	31%	28%
评价很好	10%	14%	14%	10%	7%	8%

漫画

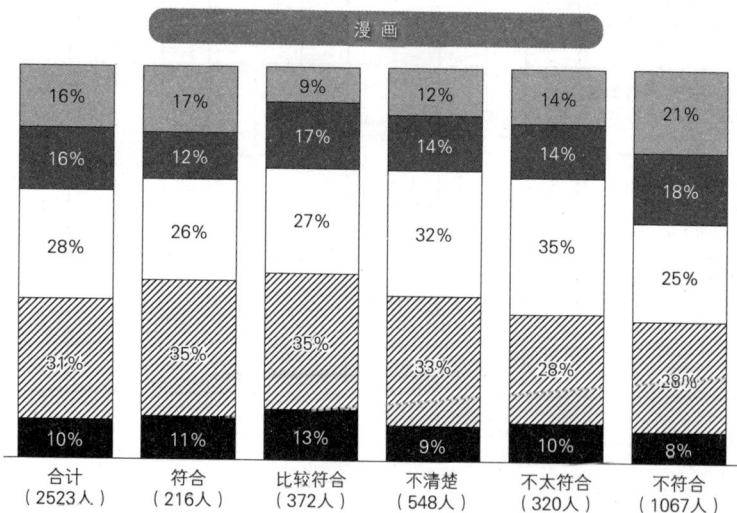

	合计 (2523人)	符合 (216人)	比较符合 (372人)	不清楚 (548人)	不太符合 (320人)	不符合 (1067人)
评价很差	16%	17%	9%	12%	14%	21%
评价较差	16%	12%	17%	14%	14%	18%
不予置评	28%	26%	27%	32%	35%	25%
评价较好	31%	35%	35%	33%	28%	28%
评价很好	10%	11%	13%	9%	10%	8%

图例：■ 评价很好 ▨ 评价较好 □ 不予置评 ■ 评价较差 ■ 评价很差

25—34岁 书籍

	合计 （714人）	符合 （52人）	比较符合 （126人）	不清楚 （216人）	不太符合 （117人）	不符合 （203人）
	10%	4%／10%	6%／14%	4%／13%	12%	18%
	14%	25%	30%	43%	15%	18%
	35%	40%	40%	32%	33%	33%
	32%	21%	10%	9%	33%	24%
	9%				8%	7%

25—34岁 漫画

	合计 （714人）	符合 （78人）	比较符合 （142人）	不清楚 （200人）	不太符合 （105人）	不符合 （189人）
	10%	13%	3%／12%	9%	8%	18%
	14%	15%	32%	13%	11%	18%
	35%	27%	42%	39%	43%	32%
	32%	30%	12%	32%	30%	27%
	9%	15%		9%	8%	6%

35—44岁 漫画

	合计 （860人）	符合 （85人）	比较符合 （136人）	不清楚 （195人）	不太符合 （104人）	不符合 （340人）
	16%	13%	12%	13%	17%	18%
	16%	8%	19%	13%	17%	18%
	28%	25%	28%	29%	30%	28%
	31%	44%	29%	36%	22%	28%
	9%	11%	13%	9%	14%	6%

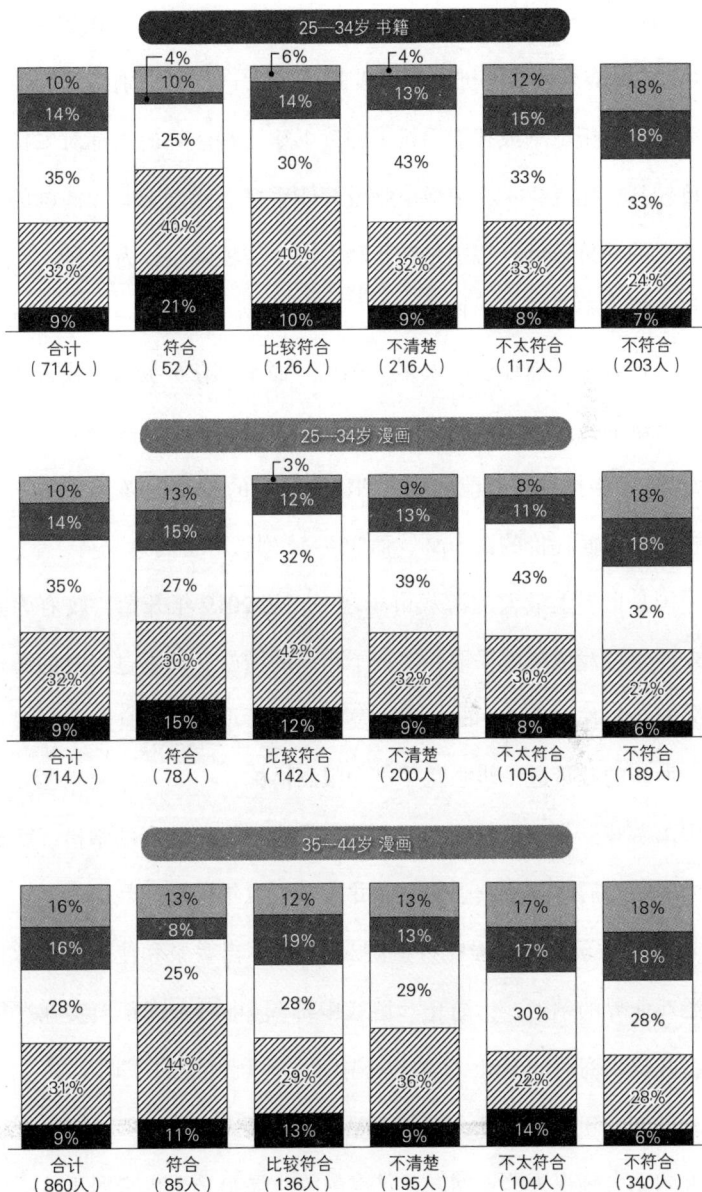

出处：下流社会 15 年后研究会"现代日本人的意识与价值观调查"（2020）。

图 3-16 安倍政权评价 在智能手机上读书籍/漫画

我们对"会在平板电脑或智能手机上阅读书籍（漫画除外）"或"会在平板电脑或智能手机上阅读漫画"的人进行了分别统计。结果发现，无论在平板电脑或智能手机上阅读书籍还是漫画的人都对安倍政权的评价较高，相反，不在平板电脑或智能手机上阅读书籍和漫画的人对安倍政权的评价较低。特别是在年轻人群中这种倾向较为明显。在"会在平板电脑或智能手机上阅读书籍（漫画除外）"的25—34岁人群中，对安倍政权做出正面评价的人多达61%。而不会在平板电脑或智能手机上阅读书籍的人对安倍政权做出负面评价的也比较多，占36%。

"会在平板电脑或智能手机上阅读漫画"的25—34岁人群中，对安倍政权做出正面评价的占56%，而35—44岁人群也高达55%。

中国是世界上最大的游戏市场之一，从2019年开始，政府为了防止民众产生游戏依赖就采取并实行了相同的措施，只不过当时的游戏时间被限制为工作日1.5小时，周末及节假日3小时，并且深夜时段也被禁用。而新的政策进一步强化了这一限制措施。

中国游戏巨头腾讯游戏立即发表声明表示支持政府的举措。腾讯在声明中表示今后将会持续强化限制并缩短未成年人玩游戏的时间，禁止12岁以下儿童玩游戏，强化审核游戏ID的不当登录和使用。表示作为中国游戏业界的领袖，为防止"游戏中毒"，将对未成年人实施严格的管理，并提议商讨"禁止12岁以下中小学生玩游戏的可能方式"。

近年来，随着中国社会变得富裕，出现了"躺平族"。政府把这种年轻人的无力感视为严重问题，这次的游戏限制是否也来源于这样的危机感呢？在我至今为止的多次调查中也发现，在日本越是下流人群越喜欢游戏或赌博。过于沉迷这些娱乐有可能会加重人们的沟通障碍，妨碍人们把时间更多地花在提高学业和工作能力上。结果导致非正规雇用、低收入和未婚者增多，进一步导致人口减少。开始步入少子老龄化社会的中国，正是为了维持国力才采取了这样的限制措施吧。

这是在自由主义国家难以实施的措施。但是比尔·盖茨和史蒂夫·乔布斯都禁止自己的孩子接触智能手机，这是众所周知的故事。在 2008 年倍乐生（Benesse）教育研究的调查中，"限制孩子玩游戏的时间"和"没有游戏机"的母亲中，中学毕业和高中毕业的母亲占 22%，大学和研究生院毕业的母亲占 43%。可见学历越高的母亲越会限制孩子的游戏时间（《家庭环境/生活与孩子的学习能力》滨野隆）。低学历的母亲可能忙于打工兼职，会把孩子独自留在家中，于是孩子玩游戏的时间就会增加。这样下去父母之间的阶层差距也会被孩子继承。

积极使用社交媒体的年轻人对安倍政权评价较高

"使用社交媒体分享发布信息"的人对安倍政权评价较高（图 3-17）。特别是 25—34 岁男性群体中，经常使用社交媒体分享发布信息的人对安倍政权做出正面评价的占 65%，有时会使用社交媒体分享发布信息的也有多达 57% 的人对安倍政权做出了正面评价，这是非常高的数据。

另外，虽然没有图表，但是我们也统计了平时阅读报纸的时间与安倍政权评价的关系，结果显示阅读报纸时间越长的人对安倍政权的评价越高，不读报纸的人对安倍政权评价较低。另外，阅读《朝日新闻》的人对安倍政权的评价较低，阅读《读卖新闻》的人则对安倍政权评价较

是否使用社交媒体分享发布信息

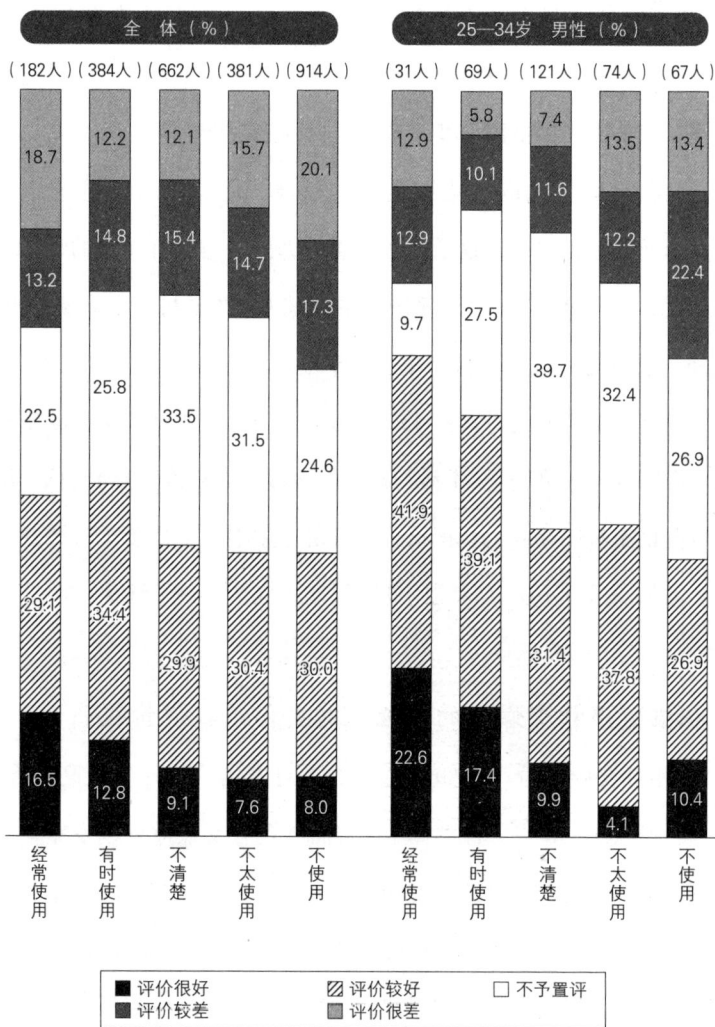

全 体（%）					25—34岁 男性（%）				
（182人）	（384人）	（662人）	（381人）	（914人）	（31人）	（69人）	（121人）	（74人）	（67人）
18.7	12.2	12.1	15.7	20.1	12.9	5.8	7.4	13.5	13.4
13.2	14.8	15.4	14.7	17.3	12.9	10.1	11.6	12.2	22.4
22.5	25.8	33.5	31.5	24.6	9.7	27.5	39.7	32.4	26.9
29.1	34.4	29.9	30.4	30.0	41.9	39.1	31.4	37.8	26.9
16.5	12.8	9.1	7.6	8.0	22.6	17.4	9.9	4.1	10.4

经常使用　有时使用　不清楚　不太使用　不使用　经常使用　有时使用　不清楚　不太使用　不使用

■ 评价很好　▨ 评价较好　□ 不予置评
■ 评价较差　▨ 评价很差

出处：下流社会 15 年后研究会 "现代日本人的意识与价值观调查"（2020）。

图 3-17　安倍政权评价 社交媒体使用程度

高，结果十分简单明了。但就阅读报纸的时间来说，整体上阅读报纸时间越长的人对安倍政权的评价也越高。

经常看网络新闻的年轻人对安倍政权评价较高

调查中，我们也分析了不同年龄人群观看网络新闻的时间，并统计各类人群对安倍政权的评价。25—34 岁且每天观看网络新闻超过 30 分钟的人对安倍政权做出正面评价的占 46%（图 3-18），做出负面评价的占 25%。这类人群对安倍政权的评价略高于平均水平。

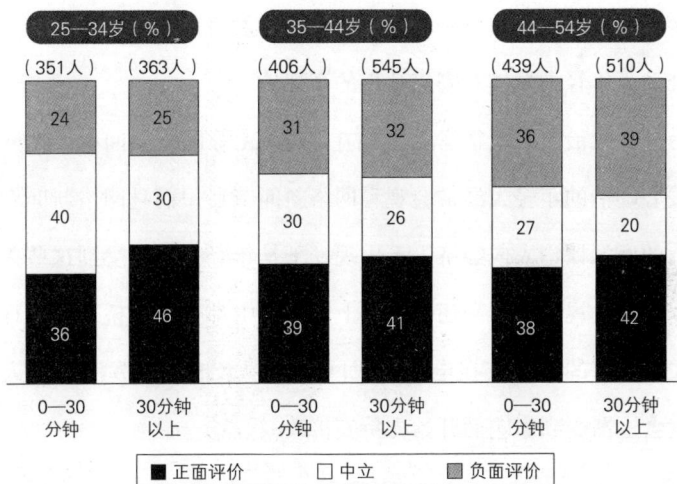

25—34岁（%）		35—44岁（%）		44—54岁（%）	
（351人）	（363人）	（406人）	（545人）	（439人）	（510人）
24	25	31	32	36	39
40	30	30	26	27	20
36	46	39	41	38	42
0—30分钟	30分钟以上	0—30分钟	30分钟以上	0—30分钟	30分钟以上

■ 正面评价　□ 中立　▨ 负面评价

出处：下流社会 15 年后研究会 "现代日本人的意识与价值观调查"（2020）。

图 3-18　安倍政权评价三阶段/不同年龄人群观看网络新闻的时间

45—54 岁且每天观看网络新闻超过 30 分钟的人对安倍政权做出正面评价的较多，但不及 25—34 岁人群。同时这类人群对安倍政权做出负面评价的也较多。因此，并不能说观看网络新闻越多对安倍政权的评价就越高。这似乎是仅存在于年轻人群的倾向。

可见在年轻人群中，越是积极地阅读书籍、使用智能手机和社交媒体、阅读报纸和网络新闻的人对安倍政权的评价越高，并且他们之中有较多正规雇用的商业人士，这些人常常需要获取新信息，也愿意在获取信息上花费金钱。这么看来，似乎也很难绝对地说对安倍政权评价高的人都是反知性主义的。

也有人说在推特上发布政治性言论，并刻意转发扩散使之成为热议话题的，都是对安倍政权评价高且具备一定高学历的人。

年轻人群特别容易受到网络上的政治性发言的影响，这在很大程度上也推动了年轻人群体对安倍政权的高评价。

另外，政治家们也很喜欢出现在 ABEMA 等网络新闻中，在网络时代，关心政治的年轻人经常会观看网络新闻节目。而且网络新闻中有很多所谓的鹰派评论人或经济人士出现，于是年轻人也会受到这些人的影响。无论是电视上的新闻还是网络上的新闻中都有很多桥下彻那样的鹰派。关心政治的年轻人在电视上或网络上频繁地听到鹰派评论人的发言，就会逐渐受到影响而开始支持安倍政权。

无法期待大众传媒

在现实世界中也是如此，安倍在任期间社会上的仇恨言论变多了。安倍并没有提倡停止仇恨言论。特朗普担任美国总统时也是如此，甚至他自己也会毫无忌惮地发表一些接近于仇恨的言论（特朗普因煽动针对白宫的示威游行而被推特永久禁言，并被 Facebook 禁言三年）。连一国总统都做出了这样的"榜样",那么自然也会助长普通人的仇恨言论或类似的发言。人们在网络上可以肆无忌惮地匿名发言,即使是错误的信息也会因为其劲爆程度而被广泛传播,这着实令人困扰。我认为代表国家的政治家不仅不应该发表这样的仇恨言论,甚至应该表明反对仇恨言论的态度。

报纸等传统媒体的做法也并非总是正确的。只有小学学历的田中角荣就任首相时,媒体把他比喻为草根出身的当代丰臣秀吉,然而当发生了洛克希德事件时,媒体又把他当作大恶人进行批判。媒体常常做出这种前后矛盾、煽风点火的事。

在现代社会,所有的人都能在网络上像媒体那样煽风点火,并且大家还无从知晓究竟是谁在煽风点火,这是十分棘手的。在这样的时代背景下,我们希望媒体能够更加冷静地报道,但是媒体本身就是始作俑者,提高收视率才是他们的目的,因此,对媒体提出这样的希望也是不切实际的。我们也希望至少NHK能发表一些冷静的报道,但是从近几年的情况来看,NHK早就已经沦为政府的犬马了。

消费意向与安倍政权评价

我们也分析了消费行为与安倍政权评价之间的关系。由于对安倍政权评价高的人大多是高收入人群,因此在这些人群中应该也有许多对消费和娱乐意愿强烈的人。从统计结果来看,确实对多种消费项目感兴趣的人对安倍政权的评价也越高。

例如,男性中对高级商品消费意愿非常高的人对安倍政权做出正面评价的多达54%。而对高级商品消费意愿很低的人对安倍政权做出正面评价的占35%。可见对高级商品的消费意愿越强烈，对安倍政权的评价越高（图3-19）（女性中并未见到相同倾向）。同样利用百货商店、奢侈品店的频率也与安倍政权评价成正比。

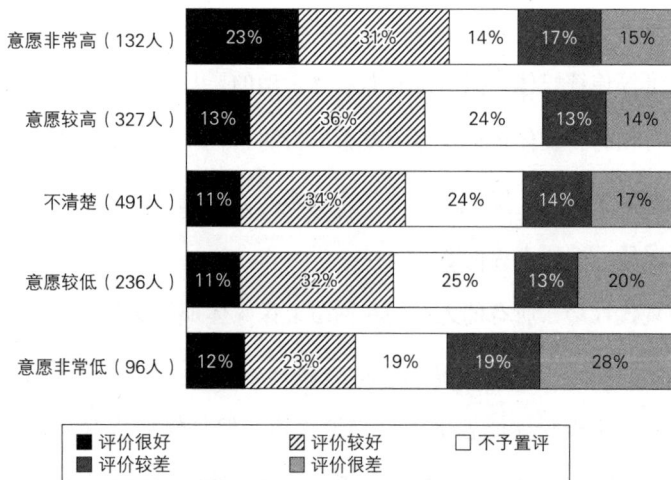

出处：下流社会15年后研究会"现代日本人的意识与价值观调查"（2020）。

图3-19　安倍政权评价 高级商品消费意愿（男性）

我们从百货商场的利用频率统计了人们对安倍政权的评价。结果显示，百货商场的利用频率越高对安倍政权的评价也越高，并且这种倾向十分明显（图3-20）。就连时尚快销品牌（如优衣库、SHIMAMURA、GAP、H&M等服装连锁品牌）的利用频率与安倍政权的评价之间也呈现出类似的倾向（图3-21）。优衣库早已不是面向下流，而是面向上流人群的时尚品牌了，就连收入较高的商务人士中也有很多人无论西装还是休闲服装，甚至是内衣都必须在优衣库购买。

另外，对安倍政权评价较高的人群中，有很大一部分是居住在（或住过）大城市或县厅所在地市中心塔楼公寓的人（图 3-22）。

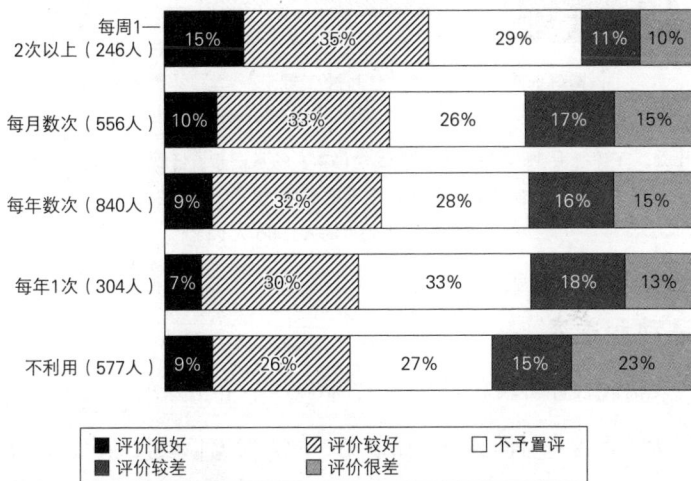

利用频率	评价很好	评价较好	不予置评	评价较差	评价很差
每周1—2次以上（246人）	15%	35%	29%	11%	10%
每月数次（556人）	10%	33%	26%	17%	15%
每年数次（840人）	9%	32%	28%	16%	15%
每年1次（304人）	7%	30%	33%	18%	13%
不利用（577人）	9%	26%	27%	15%	23%

图例：■ 评价很好　▨ 评价较好　□ 不予置评　■ 评价较差　■ 评价很差

出处：下流社会 15 年后研究会"现代日本人的意识与价值观调查"（2020）。

图 3-20　安倍政权评价与百货商场利用频率

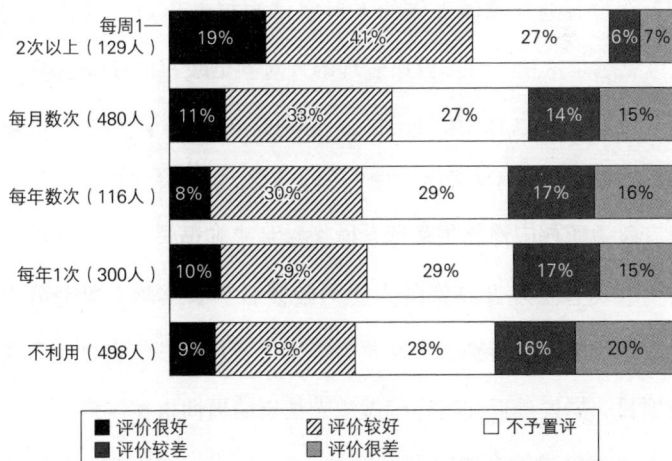

利用频率	评价很好	评价较好	不予置评	评价较差	评价很差
每周1—2次以上（129人）	19%	41%	27%	6%	7%
每月数次（480人）	11%	33%	27%	14%	15%
每年数次（116人）	8%	30%	29%	17%	16%
每年1次（300人）	10%	29%	29%	17%	15%
不利用（498人）	9%	28%	28%	16%	20%

图例：■ 评价很好　▨ 评价较好　□ 不予置评　■ 评价较差　■ 评价很差

出处：下流社会 15 年后研究会"现代日本人的意识与价值观调查"2020。

图 3-21　安倍政权评价与时尚快消品牌利用频率

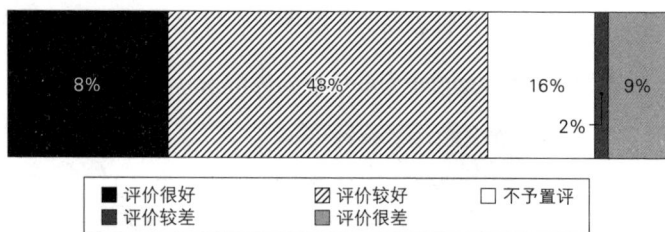

8%	48%	16%	9%
		2%	

- ■ 评价很好　▨ 评价较好　□ 不予置评
- ■ 评价较差　■ 评价很差

出处：下流社会15年后研究会"现代日本人的意识与价值观调查"（2020）。

图3-22　安倍政权评价 居住在（或居住过）大城市或县厅所在地
市中心塔楼公寓的人（86人）

运动和美容

对安倍政权评价较高的人群中，重视美容和健康的人也比较多。男性中"为了保持身材而健身或做瑜伽"的人对安倍政权做出正面评价的占66%（表3-7）。特别是在45—54岁男性中这个比例高达75%，远高于男性46%的平均值。

相反，没有健身或做瑜伽的人对安倍政权做出负面评价的则多达40%。可见越是重视身材和健康管理的人对安倍政权的评价越高。

在女性群体中也有相似的倾向。特别是25—44岁女性中比较符合"为了保持身材而做健身或做瑜伽"的人约有50%对安倍政权做出了正面评价，这一比例同样高于全体女性35%的平均值。

会"在美容院瘦身或美白"及"做整形手术"的人无论男女都对安倍政权评价较高。特别是男性尤为明显（我原本认为男性主要是做一些瘦身项目，据说最近在美容院做激光祛斑的男性也在增多）。

重视"健身或做瑜伽"并且阅读"经济/经营/法律"书籍的男女（50人）中大约有70%对安倍政权做出了较高评价！另外，重视"瘦身

表3-7　安倍政权评价与健康美容行为

	人数	正面评价	中立	负面评价
男性 为了保持身材而健身或做瑜伽				
符合	105	66%	11%	24%
比较符合	164	54%	18%	29%
不清楚	340	41%	33%	27%
不太符合	180	44%	30%	26%
不符合	493	43%	17%	40%
男性 在美容院瘦身或美白				
符合+比较符合	106	61%	25%	13%
不清楚	240	44%	31%	25%
不太符合	132	47%	27%	26%
不符合	804	44%	19%	37%
男性 做整形手术				
符合+比较符合	110	64%	19%	17%
不清楚	228	43%	32%	25%
不太符合	124	44%	34%	23%
不符合	820	44%	19%	37%
女性 做整形手术				
符合+比较符合	56	54%	21%	25%
不清楚	126	40%	39%	21%
不太符合	84	40%	33%	26%
不符合	975	32%	34%	34%

注：省略了小数点后的数字，因此有时合计不足 100，有时合计超过 100。

出处：下流社会 15 年后研究会"现代日本人的意识与价值观调查"（2020）。

或美白"并且阅读"实用技能/商业知识/自我启发"类书籍的男女
（52 人）中，有多达 75% 的人对安倍政权做出了较高评价。

　　重视健身和美容都是现代商业人士的必要行动之一。商务人士需要
通过锻炼肌肉来增加体力，并以此来减轻精神上的疲劳，从而更加高效
地投入工作。外表自信有利于工作的顺利开展，这样的价值观和行动与
安倍政权评价也有一定的关系。

如果要将外表良好与安倍政权评价联系起来，那么用一句话说就是"现实主义"。也就是说，无论自己是否喜欢，只要良好的身材和外表能够有利于工作及经济水平的提升，就愿意去尝试。

从这种现象中也能看出当今商业人士的典型特征：积极思考、重视运动、认真美容，并取得工作上的成果。正是这样的人在支持着安倍政权。

虽然没有图表显示，但我们也统计了女性的情况。高收入女性更倾向于把金钱花费在化妆、美容、时尚等方面。对安倍政权评价较高的人与在化妆、美容、时尚方面消费态度积极的人之间的相关度也较高。重视肉体和外表与对安倍政权的评价也是相关的（请参照拙作《暴露的女性、窥视的女性》）。

美容这件事最初源于女性对美貌的追求，其间曾起到治愈身心的作用，现在则变成了人们提高生存能力的手段。这样的价值观与审美意识也影响着人们对安倍政权的评价。

延伸　住塔楼公寓的都是什么人？

不知为何对于"塔楼公寓"，喜欢的人和讨厌的人分成了两个极端。

喜欢的人认为塔楼公寓的景观好，能够欣赏都市中心美丽的夜景，也是身份地位的象征，能够满足自己的虚荣心。这大概和购买高级汽车是同样的心理。

讨厌的人也许是有恐高症，但最主要的原因应该是觉得住在塔楼公寓的人有一种高高在上的感觉，并且对他们这种趾高气扬的架势感到气愤，抑或是源于根本的价值观差异。因此，当听说塔楼公寓由于灾害停电并有人爬了50层楼时，一部分讨厌塔楼公寓的人会感到莫名爽快。

我认为讨厌塔楼公寓的人并非讨厌美丽的夜景，而是对这种风景的喜爱程度不同。例如有的人喜欢每天在塔楼公寓里看夜景也喜欢闪耀的钻石，有的人觉得钻石发出的光太晃眼，还有一些人虽然喜欢钻石但并不觉得一定要拥有它。我认为这种价值观的差异也存在于对待塔楼公寓的态度中。

在这次"日本人的意识与价值观调查"中，我们也统计了调查对象想住在市中心的塔楼公寓还是郊外的一户建，还是在自然环境丰富的地方以较低的价格购买二手住宅。并对调查对象的回答与收入进行了统计分析，或许能够发现些什么（表3-8）。

调查的问题如下："请从以下选项中选出你在过去15年中居住过的住宅种类或者今后想住的住宅种类（可多选）"。调查结果显示"曾居住（或正居住）在大城市或县厅所在地市中心塔楼公寓"（下称"塔楼公寓居民"）的人在全国2523个调查对象中有86人，占全体的3.4%（其中28人来自东京23区）。

从整体来看，塔楼公寓居民占少数。现住地为一都三县的占44%，居住在大阪、京都、兵库的占22%，居住在其他地方的占34%。另外，县厅所在地之外的郊区也有一些车站周边的塔楼公寓，这些人并不包含在本次统计之中。

表3-8　塔楼公寓居民的特征

	全体人数	塔楼公寓居民人数
年龄	2523	86
25—34岁	28.3%	39.5%
35—44岁	34.1%	34.9%
45—54岁	37.6%	25.6%
婚姻状况（人）	2523	86
未婚	43.0%	46.5%
已婚	52.4%	51.2%
年收入（人）	2523	86
不足200万日元	39.9%	22.1%
200万—400万日元	23.0%	11.6%
400万—600万日元	17.2%	25.6%
600万日元以上	14.9%	37.2%
存款（已婚者为夫妻合计）（人）	2523	86
1000万—1500万日元	5.4%	9.3%
1500万—2000万日元	3.4%	7.0%
2000万—3000万日元	3.6%	9.3%
3000万—5000万日元	2.2%	3.5%
5000万—1亿日元	1.3%	2.3%
1亿日元以上	0.2%	1.2%
就业形式（人）	1872	73
正规雇用	57.6%	71.2%
兼职/派遣	21.0%	9.6%
阶层意识（人）	2523	86
上	15.2%	38.4%
中	39.7%	34.9%
中下	29.5%	12.8%
下	10.7%	9.3%
阶层不明	4.9%	4.7%
学历（人）	2523	86
上位大学以上	20.6%	45.3%
中位大学	22.8%	26.7%
下位大学/短期大学/职业学校	29.8%	17.4%
高中以下	26.9%	10.5%
过去十五年间是否变富裕了（人）	2523	86
变富裕了	32.5%	62.8%
没有变化	40.2%	20.9%
变穷了	27.3%	16.3%
日本的繁荣时期（人）	2523	86
繁荣时代早已终结	61.5%	36.0%

（续表）

	全体人数	塔楼公寓居民人数
能够持续到2030年	11.7%	24.4%
能够持续到2040年或2050年	10.5%	20.9%
能够持续更久	16.3%	18.6%
去百货商场的频率（人）	2523	86
每月多次	31.8%	52.3%
每年数次	33.3%	29.1%
每年不超过1次	34.9%	18.6%
男性/在社会中必要的能力（主要能力）（人）	1282	50
良好的外表	7.8%	18.0%
语言能力	15.2%	26.0%
审美意识	5.8%	16.0%
交谈能力	15.6%	26.0%
良好的遗传	3.4%	10.0%
朋友的多少	7.5%	16.0%
出身家庭的经济能力和父母的学历	6.2%	18.0%
领导力	14.7%	28.0%
广泛的人脉	18.1%	34.0%
令周围人愉快的开朗性格	13.0%	26.0%
男子汉气概/女人味儿行为	672	27
同意	3.3%	3.7%
比较同意	15.6%	29.6%
不清楚	49.0%	40.7%
不太同意	12.2%	18.5%
不同意	19.9%	7.4%
重要且亟待解决的社会问题	2523	86
女性管理层比率低	11.3%	24.4%
男性育儿参加率低	13.6%	24.4%
父母的收入阶层被子女继承导致的阶层固化	15.9%	31.4%
富裕阶层与普通阶层之间的收入差距扩大	17.1%	22.1%
正式员工与非正规雇用社员及自由职业者之间的差距扩大	25.0%	31.4%

出处：下流社会 15 年后研究会"现代日本人的意识与价值观调查"（2020）

高收入的年轻人

在塔楼公寓居民中个人年收入超过 600 万日元的占 37%，比起全体样本的 15% 要高得多。另外"居住过（或正在居住）大城市或县厅所在地市中心的一户建"的人中，年收入超过 600 万日元的人占 26%，可见塔楼公寓居民中高收入人群相当多。男性塔楼公寓居民中年收入超过600 万日元的占 46%。

从年龄来看，塔楼公寓居民中年龄为 25—34 岁的占 40%，与全体的 28% 相比较为年轻。特别是男性塔楼公寓居民中 44% 的人为 25—34 岁。

塔楼公寓居民的已婚率为 51%，与全体的 52% 水平相当。可见塔楼公寓居民虽然年轻，但由于收入高，因此能够较早结婚。

在已婚男性塔楼公寓居民中，配偶有工作的占 57%，与全体的 61% 相比略少。配偶在休育儿假的占 13%，比例略高。这大概是由于丈夫收入高，能够让妻子安心休假。并且他们的妻子也大多是正规雇用，就职于育儿假等福利制度完备的职场。

塔楼公寓居民的就业形式多为正规雇用（公务员除外），特别是女性塔楼公寓居民的正规雇用率高达 76%。职业女性大多会选择离职场较近的塔楼公寓。

塔楼公寓居民的个人存款在 1000 万—1500 万日元之间的占 9.3%，超过 1500 万日元的占 23%，与全体的 19% 相比并没有太大差异。

夫妻存款合计在 2000 万—3000 万日元之间的占 9.3%，比全体的 3.6% 高得多。可见塔楼公寓居民中夫妻都工作的双职工家庭较多。

股票/虚拟货币的持有额度为 500 万—1000 万日元之间的占 9.3%（全体 2.7%）。夫妻合计为 500 万—2000 万日元之间的占 12.8%（全体 5.7%），可见塔楼公寓居民大部分比较富裕。

塔楼公寓女性拒绝"女人味儿"

从对各种社会问题的认知来看，塔楼公寓居民中有 36% 的女性认为"男性育儿参与率低"是重要且紧迫的社会问题，与全体的 16% 相比要高得多。而男性塔楼公寓居民则只有 16% 这么认为。

另外，塔楼公寓居民男性和女性中都有很多人认为"管理层中女性比例低"是重要且紧迫的社会问题，可见大家虽然都希望在职场上推进男女平等，但在家庭中依然存在男女不平等的问题。

在男性塔楼公寓居民中认为"行为应该具备男子汉气概和女人味儿"的占 33%（男性全体为 19%）。由此可见，男性塔楼公寓居民中依然存在男性应具备男子汉气概领导女性、支撑家庭的价值观。而女性塔楼公寓居民中同意"男子汉气概、女人味儿"的竟然为 0%！（女性全体为 17%，女性一户建居民为 33%）。可见塔楼公寓的女性追求的是和男性一样取得工作上的成就。

喜欢日本的繁荣

塔楼公寓居民中上位大学以上学历的占比高达 45%（男性中这个比例为 56%），学历水平相当高。在全体调查对象中，上位大学以上学历的占 21%，中位大学毕业的占 23%。

对于在过去十年中是否变富裕的调查中，63%的塔楼公寓居民都认为自己"变富裕了"，而全体调查对象中仅有 33%认为自己变富裕了，塔楼公寓居民中这个比例是全体的两倍之多。

从阶层意识来看，全体阶层意识为"上"的占 15%，而塔楼公寓居民中则有 38%的人都认为自己属于"上"层（女性为 42%）。如图 3-22 所示，塔楼公寓居民对安倍政权做出正面评价的比例高达 56%。

而对于有关日本繁荣情况的问题中，认为"日本的繁荣时代已经结束"的塔楼公寓居民较少，仅占 36%（全体为 62%），特别是男性塔楼公寓居民中仅有 24%的人如此认为（男性全体为 60%）。他们或许认为是自己创造了日本的繁荣，并且今后也将继续创造下去。

另外，塔楼公寓居民利用百货商场的频率较高，每月都会去几次百货商场的占 52%（全体为 32%）。特别是男性塔楼公寓居民中多达 60%的人每个月会去多次百货商场（男性全体为 31%。）塔楼公寓居民似乎很喜欢住在塔楼公寓、去百货商场购物的生活方式。

认为出身很重要

对于"你认为在当今社会中，对人们来说重要的能力是什么（可多选）"这一问题，男性有较多选项的比例高于全体数值。其中认为"出生家庭的经济能力和父母的学历"、"较好的遗传因素"和"良好的外表"很重要的人较多。可见这些人认为无法依靠个人努力获得的东西是非常重要的。

除此之外，认为"美意识""语言能力""交谈能力""朋友""领导力""广泛的人脉""能够令周围的人感到愉快的开朗性格"很重要的人也比较多。可见多种多样的能力和素质是十分必要的。但是女性中除了"较好的遗传因素"之外并没有其他明显高于全体水平的选项。

可见，塔楼公寓居民中的男性大部分都是从父母一代开始就很优秀，是具有高学历、高收入的阶层。或许可以说塔楼公寓是继承了"山手线"特征的现代精英们的居住场所。

不希望差距遗传

塔楼公寓居民中认为"由于子女继承父母的阶层而导致的阶级固化"是重要且亟待解决的问题的人，无论男女都比较多，占比 31%（全体为 16%）。

而认为"富裕阶层与普通阶层之间的收入差距扩大"和"正式员工与非正规雇用社员以及自由职业者之间的差距扩大"是重要且亟待解决的问题的人则仅比全体略高（22% 对 17%，31% 对 25%）。

可见这些人认为能否成为正式员工全凭自己的努力与能力，并且收入和资产也由此决定，因此这种差距并不是太大的问题，但是父母之间的差距由子女继承则是个问题。这确实是典型的精英思想。

既然他们也承认自己继承了父母的基因和经济文化财产，那么这一问题要想在自己的子女一代解决大概是相当困难的。因此，如何创造一个让无法继承财产的人也能够提升能力、提高地位和收入的社会制度，就应该是塔楼公寓居民所代表的现代精英们的重要课题了吧。

第四章 | 由实为何哭泣
——泡沫世代下流中年与安倍政权

4-1 安倍政权评价与日本认知

拥有不同日本认知的人对安倍政权的评价

本章首先从不同的日本认知情况来分析对安倍政权的评价。在本次调查中对安倍政权做出正面评价的比例超过六成的日本认知项目如下：

政治上的事情交给政治家和官僚等就好了（30人）……77%

应该增加外国游客（62人）……73%

日本社会虽然发展缓慢，但依然在朝着好的方向发展（56人）……71%

应该培养爱国心（223人）……71%

应该促进东京的世界城市化（49人）……69%

应该普及个人身份号码（148人）……66%

有可能会发生不得已的战争（110人）……66%

即使在一定程度上牺牲个人隐私，也应该优先行政和社会的发展（96人）……64%

即使在一定程度上牺牲个人隐私，也希望生活能够变得更加便利（59人）……63%

军事能力太弱（266人）……61%

全部交给政治家、爱国心、战争、轻视个人隐私、军事能力等，这些看起来相当危险。但是从回答者的人数来看，除了"爱国心"和"军事能力"以外，其他对安倍政权做出六成以上正面评价的日本认知人群的人数都少于100人，在2523人的调查对象中仅仅是少数派。

因此，我们对回答人数超过200人，且对安倍正面评价比例超过45%的日本认知选项进行了统计分析（表4-1）。结果发现，除了"爱国心"和"军事能力"之外拥有"强有力的领导者""绝对的男女平等很麻烦""对中国/朝鲜/韩国政策软弱""生活保护制度实施过度"等与自民党保守派思想接近的日本认知的人对安倍政权的评价较高。

另外，也能看到一些强调"日本传统的季节感""日本传统的匠人文化""对于居住在日本的外国人增多感到不安"等以日本为中心的排外倾向。

拥有"报纸/新闻业太差""大众媒体或广告代理诱导舆论""NHK像商业电视台一样愚蠢"等略带自由主义色彩的日本认知的人对安倍政权的评价也略高。

相反，对安倍政权做出负面评价的比例超过40%（回答人数超过200人）的日本认知选项见表4-2。其中拥有"应该摆脱对核电站的依赖""自我责任论泛滥""NHK支持特定政权"等日本认知的人较多。

表4-1　安倍政权高评价与日本认知

	人数	正面评价	中立	负面评价
应该培养爱国心	223	71%	13%	16%
军事能力太弱	266	61%	16%	23%
日本需要强有力的领导者	344	52%	19%	30%
绝对的男女平等很麻烦	274	51%	22%	28%
应该提高人均GDP，维持和发展丰富的消费社会	225	50%	19%	31%
对中国/朝鲜/韩国政策软弱	490	50%	16%	35%
报纸/新闻业变差了	368	50%	13%	38%
希望将日本文化中传统的季节感带回生活中	247	49%	24%	27%
有嫉妒成功人士的倾向	280	48%	20%	33%
应该重新评价日本传统的匠人文化	399	48%	22%	30%
大众媒体和广告诱导舆论是一个问题	375	48%	16%	36%
消费者过于嚣张	387	48%	20%	33%
生活保护制度实施过度，应该减少受保护的家庭数量和支付金额	341	47%	24%	29%
促进结婚的政策迟缓	207	47%	22%	31%
应该提高国内农业的国际竞争力	236	47%	20%	34%
对居住在日本的外国人增多感到不安	395	46%	18%	36%
应该拓展更多的商业机会	205	45%	21%	34%
NHK像商业电视台一样愚蠢	362	45%	15%	40%
礼仪和语言太随便	416	45%	19%	36%
觉得相亲结婚也很好	367	45%	25%	30%

注：回答人数 200 人以上。按照"正面评价"的比例从高到低排列。省略了小数点后的数字，因此有时合计不足 100，有时合计超过 100。

出处：下流社会 15 年后研究会"现代日本人的意识与价值观调查"（2020）。

对安倍政权评价较高的"下流"人群的日本认知

接下来，让我们看一下不同阶层意识人群的日本认知。对安倍政权做出较高评价的下流阶层的日本认知显示出"爱国""守旧""排外"的倾向。

首先，我们将三个阶段的阶层意识与三种安倍政权评价互相结合构成的九个维度来统计人们对 173 个日本认知选项做出回答的人数。

结果发现，对安倍政权保持中立的人无论处于何种阶层，对日本认知问题进行回答的人数都比较少。也就是说他们并没有思考日本社会中存在的问题。

表4-2　安倍政权低评价与日本认知

	人数	正面评价	中立	负面评价
应该摆脱对核电站的依赖	371	26%	16%	58%
一旦失败就全部是自己的责任，这种自我责任论的想法过多	259	29%	17%	53%
应该摆脱对美国的依赖	272	34%	16%	50%
对新冠病毒疫情等新型疾病的对策迟缓	519	26%	25%	50%
NHK支持特定政权是个问题	437	36%	15%	49%
日本的社会有闭塞感（看不到出路的感觉）	495	33%	18%	49%
官僚支配过强	358	32%	19%	49%
对失业人员的支援政策不足	421	32%	20%	48%
应该保证最低限度的收入，减少过度竞争	219	31%	22%	48%
应该提供残障人士的就业支援	240	35%	18%	47%
生活保护等维持最低限度生活的政策不足	236	34%	20%	47%
在现在的社会中有空虚感	406	34%	20%	47%
对各种各样的价值观、文化、人种的宽容度不足	243	32%	22%	47%
政治家的素质/能力低下	794	31%	23%	47%
个人难以拥有梦想和希望	446	33%	20%	46%
应该缩小正规和非正规雇佣人员在收入/待遇/休假等方面的差距	407	34%	20%	46%
不承认同性婚姻是个问题	208	31%	23%	46%
对冰河期世代/失去的一代的支援不足	246	40%	14%	46%
日本人不再替他人着想	414	35%	20%	45%
对全球变暖/气候异常/节能等问题的对策迟缓	429	31%	24%	45%
应该提高有钱人的税金	612	33%	22%	45%
贫富差距正在扩大	713	33%	22%	45%
有钱人并没有为社会和文化作出贡献	339	34%	21%	45%
不了解战争的日本年轻人越来越多，这是很危险的	298	37%	18%	45%

注：回答人数200人以上。按照"负面评价"比例从高到低排列。省略了小数点后的数字，因此有时合计不足100，有时合计超过100。

出处：下流社会15年后研究会"现代日本人的意识与价值观调查"（2020）。

而对安倍政权做出负面评价的人群中也会有很多人认为日本社会问题较多，此类人群无论处于何种阶层，对日本认知做出回答的人数也都比较多。

另外，对安倍政权做出正面评价的人群中，上流和中流的人群对日本认知的回答数量较少，这是由于他们对现状比较满足。

而对安倍政权给予正面评价和负面评价的下流人群都对日本认知做出了较多回答。这又是什么原因呢？于是，我们把下流阶层中对安倍政权做出正面评价与做出负面评价的人选择的日本认知选项进行了比较。

下流阶层中对安倍政权做出正面评价的人比做出负面评价的人选择多五个百分点的选项如下（表4-3）。另外，选择这些选项的下流阶层人数都比选择这些选项且对安倍政权做出正面评价的上流阶层的人数更多。

由此可见，对安倍政权评价较高的下流人群的日本认知与自民党的价值观与政策几乎一致。也就是所谓的"爱国""守旧""排外"倾向较强。

特别是"日本需要强有力的领导者""对中国/朝鲜/韩国政策软弱""喜欢投诉的人增多，令人困扰""有可能会发生不得已的战争""对居住在日本的外国人增多感到不安"这些选项在九个维度中被选择的数值最高。这里所说的"喜欢投诉的人"应该也包括喜欢对安倍政治多有抱怨的人。

然而在对安倍政权做出正面评价的上流和中流阶层中，并没有太多人选择这些选项，并且上流与中流阶层选择的大多数选项与全体平均情

表4-3 日本认知三种安倍政权评价×三种阶层意识

	全体	正面评价上流	正面评价下流	负面评价下流	下流的正面评价与负面评价之差（%）
人数	2523	193	357	379	
应该培养爱国心	9%	12%	20%	5%	15
军事能力太弱	11%	10%	21%	9%	12
绝对的男女平等很麻烦	11%	12%	19%	10%	9
日本需要强有力的领导者	14%	18%	21%	12%	9
对中国/朝鲜/韩国政策软弱	19%	23%	30%	22%	8
喜欢投诉的人增多，令人困扰	30%	25%	39%	31%	8
无论多大年龄都希望有恋爱和与异性交往的自由	10%	11%	15%	8%	7
有可能会发生不得已的战争	4%	5%	11%	5%	6
消费者过于嚣张	15%	18%	21%	15%	6
应该重新评价日本传统的匠人文化	16%	20%	22%	16%	6
希望将日本文化中传统的季节感带回生活中	10%	14%	14%	8%	6
应该普及个人身份号码	6%	12%	9%	3%	6
促进结婚的政策迟缓	8%	7%	13%	8%	5
对居住在日本的外国人增多感到不安	16%	15%	24%	19%	5
即使在一定程度上牺牲个人隐私，也应该优先行政和社会的发展	4%	6%	8%	2%	6
生活保护制度实施过度，应该减少受保护的家庭数量和支付金额	14%	16%	15%	10%	5
应该促进观光产业的发展	5%	8%	8%	3%	5

注：按照下流对安倍政权正面评价与负面评价之差从多到少排序。

出处：下流社会15年后研究会"现代日本人的意识与价值观调查"（2020）。

况相同。

从调查对象人数来看，对安倍政权给予正面评价的上流阶层为193人，中流阶层为427人，下流阶层为357人。对安倍政权评价较高的人群的日本认知整体呈现出爱国主义等倾向，并且这种倾向是由下流阶层导致的。这也是安倍政权支持者被认为是反知性主义的原因之一。

综上所述，对安倍政权评价较高的上流和中流（包括日本的精英阶层/领导层）并非"爱国""守旧""排外"的，这种情况令人感到放心。仔细想想他们没有过激的思想和行动也是可以理解的，毕竟他们中大多数人希望能与世界各国保持良好的关系以促进经济活动的顺利开展。

从这个意义上来说，那些几乎每天都出现在各种媒体中大谈爱国主义的人，正是为了下流阶层的安倍政权支持者而存在的。

"下流"中年阶层爱国、守旧、对安倍政权评价高

接下来，我们从三个不同的年龄阶段来分析对安倍政权评价较高的下流阶层。结果发现，"爱国""守旧""排外"的大多是中年（45—54岁）男性，而并非年轻群体（25—34岁）（表4-4）。关于日本认知，45—54岁男性人群中认为"应该培养爱国心"的占29%，而25—34岁男性选择了这一选项的仅占13%。45—54岁男性中认为"对中国/朝鲜/韩国政策软弱"的占46%，而25—34岁男性中选择这一选项的仅占9%。在对"政治家的素质能力低下""应该摆脱对美国的依赖""外交能力薄弱""道德教育不足"等日本认知选项的选择上也呈现出相同的倾向。

在报纸等媒体上常常会有人指责年轻人群有保守化倾向、对自民党和安倍政权的支持过高等。但是年轻人的保守化并不是政治意义上的保守化，而是"想要一直维持现在的生活"这种意义上的保守化。现在的

表4-4 下流（"中下"和"下"合计）中对安倍政权评价
较高的男性的日本认知（不同年龄层）

	男性25—34岁	男性35—44岁	男性45—54岁	男性45—54岁与25—34岁之差
人数	67	76	85	百分点
45—54岁更多				
对中国/朝鲜/韩国政策软弱	9%	33%	46%	37
对年金/医疗费等社会保障感到不安	22%	33%	46%	24
喜欢投诉的人增多，令人困扰	27%	37%	47%	20
在教育上花费过多	10%	28%	27%	17
礼仪和语言太随便	13%	25%	29%	16
应该培养爱国心	13%	22%	29%	16
NHK支持特定政权是个问题	13%	25%	28%	15
贫富差距正在扩大	25%	36%	40%	15
对年老后的社会感到不安	25%	30%	40%	15
治安恶化	18%	25%	32%	12
应该重新评价日本传统的匠人文化	13%	22%	27%	14
应该提高有钱人的税金	19%	29%	33%	14
老年人看护对策迟缓	9%	17%	22%	13
道德教育不足	19%	25%	32%	12
应该实现能够安心养老的福祉社会	15%	24%	27%	12
每天疲于奔命	22%	25%	34%	12
男子汉气概和女人味儿正在逐渐消失	6%	8%	17%	11
无论多大年龄都希望有恋爱和与异性交往的自由	12%	17%	22%	10
45—54岁较少				
应该彻底贯彻成果主义，即使都是正规雇用也应该拉开收入差距	10%	4%	5%	-5
应该创造单亲家庭孩子也能不受歧视的社会	18%	21%	12%	-6
应该提高地区和邻里生活的丰富性	13%	11%	7%	-6
应该保护表达的自由	15%	8%	8%	-7
应该减少普通人的税金	33%	33%	25%	-8
没有能够全面提升普通儿童能力的教育支援	21%	11%	11%	-10

出处：下流社会15年后研究会"现代日本人的意识与价值观调查"（2020）。

年轻人并不认为自民党是保守的，他们反而觉得共产党是保守的，日本维新会是创新的。这么看来，似乎确实能够感受到叫嚣着改革的自民党和维新会是创新的，而不希望改革宪法的共产党和社民党是保守的。另外，年轻人群体比中年人群体更加关注男性的育儿与家务参与度、孩子整体能力的提高、贯彻成果主义、消除 LGBT 歧视等具有现代意义的，并且与年轻人群切实相关的问题。特别是女性群体对此类问题的关注度较高。

而 45—54 岁人群大部分是在战后校园暴力最多的时期成为中学生的一代人，他们中还有很多暴走族，以及"温和的不良少年"出现之前的真正的"不良少年"。而"不良少年"大部分在政治上是"保守"的、"右翼"的。因此，可以推测正是这些人形成了一种安倍政权的"地基型支持群体"。

另外，对安倍政权评价较高的下流中年群体中，选择中年阶层普遍关注的年金和医疗费、教育、老年保障等日本认知选项的人也比较多，特别是女性选择这些选项的较多。除此之外，也有很多人选择了贫富差距扩大、认真工作的人应该得到回报等选项。即使还存在诸多问题，但是中年阶层还是对安倍政权给予了较高的评价。可以说这些人才是十分厌恶在野党的真正意义上的"保守"。

《傲骨宣言》对中年下流阶层的影响

我认为中年阶层的爱国认知较多，可能是受他们在年轻时接触过的小林善範《傲骨宣言》的影响。

《傲骨宣言》从 1992 年 1 月开始在杂志《SPA!》上连载，并获得了年轻人群的广泛支持。1995 年 9 月 27 日开始杂志《SAPIO》连载了《新傲骨宣言》。1996 年 9 月《新傲骨宣言 脱正义论》（参照伊藤昌亮《网络右派的历史社会学》）正式发行。

也就是说在现在的 45—54 岁人群 17—26 岁时出现了《傲骨宣言》，并一直持续到现在。因此《傲骨宣言》对这一代人的影响巨大。

如上所述，1993 年到 1998 年是自民党下野、自民党、社会党联合政权成立，以及自民、公明联合政权诞生的动荡时代。这种动荡导致社会党崩溃，之后又发生了在野党乱立等混乱状况，最终导致能与自民党抗衡的对抗势力不复存在。

2001 年小泉政权成立，由于参拜靖国神社引发了中国的抗议。2002 年日韩共同主办足球世界杯时，网络上的反韩、嫌韩言论也开始激增。

进入 21 世纪以来中国的经济增长显著，日本对此感到十分震惊，2010 年中国 GDP 超过了日本。现在 45—54 岁的人们在当时是 35—44 岁。他们在少年期、青年期、壮年期经历了日本政治的混乱以及中国超越日本的时代。这么想来，现在他们即使身处下流也依然支持安倍政权也并非不能理解的。或许他们认为"如果中国不崛起的话自己的生活应该能更富裕一点"。

我在 2006 年进行的"男性工作/生活调查"中对小林善範的支持者进行了分析（请参考拙作《下流社会》第 2 章）。根据当时的调查结果，30—34 岁（在 2020 年是 44—48 岁）的小林善範的男性支持者中下流人群最多，占比高达 59%。

并且当时小林善範的支持者中，企业经营者、自营业/自由职业、派遣社员的比例较高，正规雇用人员较少。这与本次调查中 45—54 岁下流男性的情况高度一致。他们在年轻时成了小林善範言论的信奉者，并将这种思想一直维持到了今天。

如上所述，上流和中流人群对安倍政权的评价主要围绕着对安倍经济学的评价，对于安倍经济学使金钱在市场上流通起来的经济措施给予了较高评价。在安倍经济学的政策实施下，工资上涨了、股价也上涨了、保育所增加了、工作方式得到了改革。并且安倍也维持了良好的日美关系，也维持了与中国的经济交流。

可见上流人群对安倍的评价是"目的明确的"，因为安倍经济学有效地实现了他们维持经济增长和稳定的目标。

而下流阶层特别是中年人群的安倍政权评价虽然也是"合理的"，但同时也是一种"保守的""价值合理的""感性的"行为。

所谓"保守"是指，如果祖辈世世代代都在当地经商且支持自民党，那么自己也要和祖辈保持一致。在这种情况下，与其说是支持安倍，不如说是支持属于自民党的安倍。

所谓"价值合理的"是指，他们从安倍提倡的"保守性"中看到了反共产主义的言论价值观。这与中曾根政权支持者的心理相似。

而所谓"感性的行为"则是指，如后所述因为安倍外表较好、有钱、并且在外交场合很有风范，因此对他"莫名地喜欢"，于是就给了他正面评价。

对安倍政权不予置评的人是谁?

那么对安倍政权保持中立不予置评的人又是怎样属性的人呢?

如上所述,对安倍不予置评的大部分是 25—34 岁、下位大学以下学历、收入也较低的人,他们的阶层意识大部分是"中"及以下,在政治方面属于无党派人士。

此类人群的读书量较少,特别是阅读"经济/经营/法律""实用技能/经济学知识/自我启发""人文/社会/真理/教育/思想/新闻学"类书籍的人很少。

这些人很少对在当今社会生存的必要能力这一问题做出回答。可以想象他们比起主动地去与事物发生关联,更喜欢被动地接受,并且并不具备社会问题意识,也不会积极地思考如何提高自己能力。

从整体的生活满意度、幸福度、对将来的不安来看,对安倍政权不予置评的人对将来"深感不安"的很少,并且很多人对满意度和幸福度的回答也是"不予置评"(表 4-5)。他们对于任何事情都是"不清楚,都可以"的态度。

民主党前代表冈田克也氏曾经呼吁"再这么下去日本就完了!",但是对于那些对任何事都漠不关心的人来说,这种呼吁毫无意义。因为这些人根本就不明白他的意思。

只要增加"中流"人数,在野党就能得到支持?

如果要求喜欢"不予置评"的人必须选择是否支持安倍政权,那么他们大概会选择"支持"吧。

表4-5 生活全体满意度/幸福度/对将来的不安不同安倍政权评价

生活全体满意度						
	人数	满意	比较满意	不予置评	不太满意	不满意	不知道
合计	2523	6%	37%	28%	16%	10%	3%
评价很好	241	15%	42%	23%	8%	9%	4%
评价较好	773	5%	45%	27%	15%	7%	2%
不予置评	707	4%	33%	36%	15%	8%	4%
评价较差	397	6%	35%	24%	22%	11%	3%
评价很差	405	5%	30%	25%	15%	21%	3%

幸福度						
	合计	非常幸福	幸福	不予置评	不太幸福	不幸福	不知道
合计	2523	6%	37%	29%	15%	10%	3%
评价很好	241	12%	42%	25%	10%	8%	3%
评价较好	773	5%	45%	26%	14%	8%	2%
不予置评	707	5%	34%	37%	14%	8%	3%
评价较差	397	6%	33%	26%	20%	13%	3%
评价很差	405	5%	31%	28%	18%	16%	3%

对将来的不安						
	合计	深感不安	感到不安	不予置评	不太不安	没有不安	不知道
合计	2523	20%	40%	23%	11%	3%	2%
评价很好	241	20%	34%	24%	15%	4%	4%
评价较好	773	17%	43%	23%	12%	4%	1%
不予置评	707	16%	40%	27%	10%	4%	3%
评价较差	397	24%	42%	21%	9%	2%	2%

注：省略了小数点后的数字，因此有时合计不足100，有时合计超过100。
出处：下流社会15年后研究会"现代日本人的意识与价值观调查"（2020）。

虽然在野党提出要创造人数众多的中流，但是中流中"不予置评"的人也比较多。如果中流阶层的人数增多，那么"不予置评"的人也会增多。在野党的支持率并不会提高。事实是只有下流阶层增多，在野党的支持率才有可能提高。因此，只会看大企业劳动组合脸色行事的立宪民主党是很难得到更高的支持率的。

换句话说，在野党如果不认真思考人数众多的中流到底支持什么样的政党，如何才能得到他们的支持，应该采取怎样的措施的话，那么一切都是徒劳。

国民的社会志向和对社会的关心都比较薄弱，在这种情况下，无论在野党如何提倡实施夫妻不同姓或消除对 LGBT 的歧视等，对大多数"不予置评"的中流来说都是没有意义的。这些措施当然是重要的，但是从结果来看，比起需要花费漫长的时间去消除社会差距充实社会福利，提高工资等短期有效的经济措施更能得到大众的支持。

实际上，在当今经济不景气的时代，在野党是无法得到支持的。因为人们并不认为在野党取得政权就能使经济恢复。可以说，经济越不景气，自民党的支持率就越高。这是因为国民普遍认为只有自民党才有能力改善经济状况。只有当经济状况得到改善，并且由于景气良好导致社会问题和矛盾扩大、国民的不满增多时，在野党的支持率才会上升。

在经济高度成长时期就是如此，泡沫时代和小泉政权时代也是如此。在高度成长期，东京都等大城市的政治主张都是革新派的主张。泡沫时代社会党在参议院选举中取得了胜利。小泉政权之后，经历了三次短命政权后诞生了民主党政权。可以说虽然恢复经济是自民党的使命，但是一旦经济变好、矛盾扩大，自民党的风险也会变大。

对安倍政权评价高的人有较强的自助倾向？

Mif 在 2020 年调查中提出了以下问题：各类社会问题的解决主体

（你认为在解决问题时谁应该承担主要责任？）应该是国家/自治体，企业、地区及 NPO，还是自己与家人？我们对当时的调查结果进行了统计。

结果发现，对安倍政权评价越高的人，认为各种社会问题的解决主体应该是国家/自治体的越少。

例如关于"老老介护（70 多岁的子女照顾 90 多岁的父母）增多"的问题，对安倍评价较高的人中，认为解决问题的主体应该是国家/自治体的占 54%，认为解决主体应该是地区和 NPO 的占 24%。而对安倍政权评价较低的人，认为解决问题的主体应该是国家/自治体的占 73%，认为应该是地区和 NPO 的占 16%。两者之间的反差较大。

同样，关于"认认介护（患有认知障碍症的人照顾同样患有认知障碍症的亲人）增多"的问题也有类似倾向。对安倍政权评价较高的人选择"国家/自治体"的占 54%，选择"地区和 NPO"的占 25%。而对安倍政权评价较低的人"选择国家/自治体"的占 72%，选择"地区和 NPO"的占 16%。同样有较大的差异。

关于"儿童贫困/虐待增多"问题，对安倍政权评价较高的人选择"国家/自治体"的占 53%，选择"地区和 NPO"的占 29%。而对安倍政权评价较低的人选择"国家/自治体"的占 69%，选择"地区和 NPO"的占 17%，同样差异较大。

而对于"待机儿童问题未解决"问题，对安倍政权评价较高的人选择"国家/自治体"的占 57%，选择"地区和 NPO"的占 27%。而对安倍政权评价较低的人中，选择"国家/自治体"的占 71%，选择"地区和 NPO"的占 17%。依然有较大差异。

在 20 世纪 90 年代 NPO 法案成立时，我就认为这是要将行政该做的事情交给民间组织了。在小泉政权时代，提出了"民间能做的事情就交给民间"这样的口号。虽然当时的国民也认为政府的做事方法缺乏灵活性，希望发生改变的想法很强烈，但即便如此也不能否认行政机构将本该做的事情扔给了民间的事实。

在支持安倍政权的人中，认为企业和个人应该成为解决问题主体的倾向较多。这正是所谓的"自助"倾向。

例如对安倍政权做出正面评价的人认为"男性育儿参加率低"这一问题的解决主体应该是"国家/自治体"的仅有 20%，而选择"企业"的占 47%，选择自己和家人的占 23%。

对于"工作与家务/育儿/介护难以平衡"这一问题的解决主体，选择"国家/自治体"的占 27%，选择"企业"的占 43%，选择"自己和家人"的占 16%。

对于"正式员工与非正式员工/自由职业者之间的差距扩大"问题，认为解决主体应该是"国家/自治体"的人占 37%，认为应该是"企业"的占 45%。

当然如果"国家/自治体"过多干涉家务和育儿等私人问题也并非好事。但是，"国家/自治体"也需要承担过去 30 年间少子化对策失败的责任，特别是把工作意愿强烈的高学历女性当作少子化对策的重点对象，并不是正确的决策。比起高学历女性，政府显然更应该优先提供对普通家庭育儿的经济支援。

90%的人认为日本的繁荣已经结束

本次调查也统计了对安倍政权做出不同评价的调查对象对于日本繁荣时代的预测。结果显示，对安倍政权评价很好的人认为日本的繁荣能持续到2050年之后的占32%，认为"繁荣时代已经终结"的人占37%（图4-1）。相反对安倍政权评价很差的人中，认为"繁荣时代已经终结"的多达90%。这是一种"反日"倾向。

认为日本的繁荣会持续到2050年之后或者永远不灭也是不切实际的幻想，是一种新兴宗教式的想法。但是多达90%的人认为繁荣已经终结，也过于悲观了。

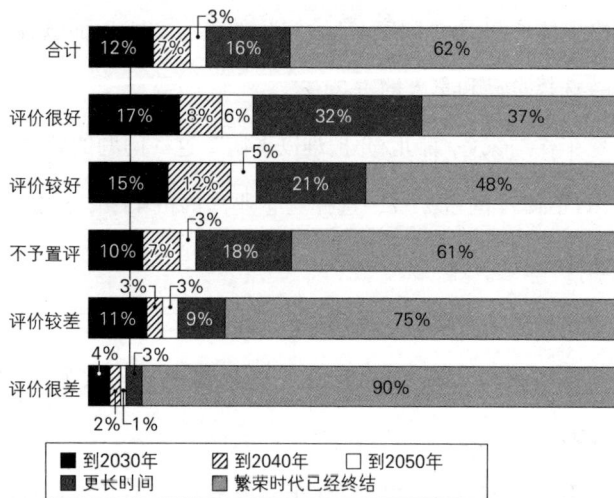

出处：下流社会15年后研究会"现代日本人的意识与价值观调查"（2020）。

图4-1 日本的繁荣预测 安倍政权评价

4-2 对安倍政权给予高评价的下流人群

泡沫世代与安倍政权评价

如表 4-1 显示，对安倍政权给予正面评价的基本都是收入和学历较高，并且在过去 15 年中变富裕的人们。可以说这些人是在泡沫破灭后的 30 年或者最近 15 年里的赢家。这些人对安倍政权做出高评价也是可以理解的。

另一方面，我认为也有许多属于泡沫世代的"下"层人群十分支持安倍政权。我出生的 1958 年，刚好是在安倍出生的 1954 年和昭惠夫人出生的 1962 年之间，我自认为能够理解他们的想法。

我们在 2015 年进行的"下流社会 10 年后调查"中设置了如下问题："如果有时间机器能够到达日本的未来或过去，那么你想去哪个时代？请最多选择三个选项"（表 4-6）。

结果显示，经历过泡沫时代的 40—59 岁（现在应为 45—64 岁）人群想去泡沫时代，而经历过高速经济成长期的 50—69 岁（现在的 55—74 岁）人群更想去高速经济成长时期。而没有经历过这两个时代的 20 多岁年轻人 41% 都没有想去的时代（请参考拙作《格差固定》）。

从不同阶层意识来看，阶层意识为"下"的 30—49 岁（现在 35—54 岁）人群中有很多人想去泡沫时代，这些人都是经历过泡沫时代或者在泡沫时期度过了儿童期的一代。

曾经是"水晶世代"的安倍夫妇

安倍和昭惠夫人都出身于名门望族。无论外界处于泡沫时代还是不

表4-6　年龄/阶层　想去往的日本时代

如果有时间机器能够到达日本的未来或过去，那么你想去哪个时代？请最多选择三个选项。

	全体	20多岁	30多岁	40多岁	50多岁	60多岁
人数	1000	217	206	188	199	190
没有想去的时代	33%	41%	34%	33%	21%	35%
20世纪80年代、泡沫时代	24%	21%	23%	29%	30%	17%
昭和30—40年代的高度经济成长期	13%	4%	10%	12%	20%	22%
	阶层意识5阶段中的"下"	20多岁	30多岁	40多岁	50多岁	60多岁
人数	159	30	33	36	29	31
没有想去的时代	33%	33%	33%	25%	31%	42%
20世纪80年代、泡沫时代	26%	27%	39%	31%	21%	10%
昭和30—40年代的高度经济成长期	10%	0%	9%	17%	0%	23%

出处：下流社会10年后调查（2015）。

景气时代，他们一直都是富有的。昭惠夫人出生于1962年，是典型的泡沫世代，还是森永制果公司的千金小姐，毕业于有名的圣心女子学院。安倍毕业于成蹊大学。这两所学校都是典型的少爷、小姐们读的学校。可以说他们的人生从一开始就是"泡沫"。

泡沫时代是一个就算不是少爷小姐，也能在一定程度上过上和少爷小姐一样的生活的时代。1980年田中康夫（1956年出生）的小说《总觉得，水晶样》获得了文艺奖，并在翌年成为最畅销小说。1980年时安倍26岁。1981年一本名为《正式名门手册》的书出版，这也是当时以少爷、小姐们的时尚作为风向标的时尚手册。1976年杂志POPEY创刊，由此诞生了一代叫作"POPEY BOY"的年轻男性。

安倍出生于1954年，从世代论来说并不算是所谓的泡沫世代。虽然对于泡沫世代的定义众说纷纭，但普遍认为是出生于20世纪60年代且大学时代和新社员时代与泡沫期重叠的一代人。大部分是现在的 50 多岁群体。从这个定义来看，安倍并不是泡沫世代，而是水晶世代。*POPEY* 创刊时安倍还是个 21 岁的学生。

1980 年时昭惠夫人 18 岁，可以算得上是水晶世代。她在 1985 年就职，不久后泡沫经济开始膨胀，从这个意义上来说她也是典型的泡沫世代。如果她曾在大学时代与一流企业的社员联谊的话，那么当时的联谊对象应该正是比她大 8 岁的安倍这一代人。

1954 年出生的人在泡沫鼎盛时期处于 30 岁前半期，如果就职于证券公司的话，很多人年收入能够超过 3000 万日元。在不动产行业赚得盆满钵满的人在迪斯科舞厅挥金如土的事也屡见不鲜。

对泡沫世代来说，安倍夫妇就像财富的象征一样令人憧憬。因此他们能够得到泡沫世代的支持也是可以理解的，即使是"下流"阶层的泡沫世代也一样会支持安倍。

另外，安倍与 HOICHOI PRODUCTIONS 的马场康夫是成蹊大学的同学。HOICHOI PRODUCTIONS 正是以泡沫时代为背景策划制作了《反复无常的观念》（1981 年开始在杂志上连载，1984 年出版了单行本）和《见荣讲座——时髦人士的战略与部署》，以及电影《带我去滑雪》（1987 年）的公司。《反复无常的观念》是以广告界为舞台，把时事融入了广告人的日常中，是象征着 20 世纪 80 年代广告业兴盛时期的漫画作品。滑雪也是泡沫时代的一大潮流。

这些泡沫时代的记忆依然存在于现在的 45—54 岁人群的脑海中。现在的 50—54 岁人群在高中毕业后讴歌过泡沫时代，找工作时也很容易进入大企业。虽然现在的 45—49 岁人群在泡沫时期还是中学生或高中生，但是他们之中有很多人的父母在泡沫时期收入上涨，全家的生活变得越来越富裕。他们之中毕业于短期大学的人在泡沫末期进入公司，也经历过奖金拿到手软的时代。据说当时有一位女性员工在高中毕业后进入了一家普通建筑公司，她在工作第一年的夏天竟然拿到了高达 200 万日元的奖金！那真是个不可思议的时代啊！

我认为这些原始经历形成了"下流"人群支持安倍晋三的一种心理基础。虽然只是我的猜测，但我认为这是很有可能的。

安倍在小泉内阁时期被任命为官房长官时，曾穿着典型的 POPEY BOY 风格的防风衣在涩谷的东急百货购买圣诞装饰。电视台报道了当时的情景，我也看到了那个报道。男性政治家竟然会去购买圣诞装饰，而且不是去银座而是去涩谷，还穿着防风衣，这让人们感受到了安倍的年轻和新世代特征。名门少爷、成蹊大学毕业、城市男孩、在涩谷的东急百货购买圣诞装饰，这些不都是泡沫世代特有的符号吗？

由实为何在安倍辞任时落下了眼泪？

在日本谈起泡沫时代就会想到松任谷由实。20 世纪 80 年代，泡沫越膨胀由实的 CD 越畅销。由实把自己的音乐定义为"繁荣时代的音乐"，这也是她的人气随着泡沫而高涨的原因之一（泡沫破灭之后她的音乐销量也随之骤降）。

据说当安倍以身体不适为由辞去首相职位时，由实流下了眼泪，这件事在 SNS 上成了热议话题。

由实与安倍一样都出生于 1954 年，也不属于泡沫世代。但是她最鼎盛的时期却是在泡沫时期。她也是影响了泡沫世代的核心人物之一（辞去了东京奥运会开幕式导演之职的佐佐木宏，以及设计了日本国立竞技场的隈研吾也都出生于 1954 年，这难道是巧合?）。

由实出生于一家位于八王子的大型和服店，附近就是美军基地。她在成长过程中切身感受到了美国的富裕。在她的歌曲中也常常能看到她以美国压倒性的富裕为后盾的世界观。

由实在中学和高中时都就读于吉祥寺附近的基督教派立教女学院，同一时期安倍也就读于吉祥寺的成蹊中学和高中。

他们出生的 1954 年是很有象征性意义的年份。从朝鲜战争结束到越南战争开始的 1954 年到 1964 年，是美国的豪华大众主义时代（出自 Thomas Hine 的 *Populuxe*）。美国的普通大众开始过上了豪华生活①。1950 年美国的 GDP 是日本的十倍，汽车生产量是日本的 270 倍。

由实有一首叫作《科尔维特 1954》的歌，被收录在《流线型 80》的专辑中。这款雪佛兰公司的科尔维特于 1954 年正式上市，是象征着美国大众消费社会富饶景象的汽车。由实用与自己同岁的这款象征着美国的富裕并且非常受大众欢迎的科尔维特来比喻 20 世纪 80 年代的自己。可见她自己也渴望成为繁荣时代的象征，获得普通大众的喜爱。

---

① 有很多人感觉安倍的人气与特朗普的人气有相似之处。二者之间都有从未为金钱发愁的共同性。特朗普出生于 1946 年，在上述美国的全盛期豪华大众时代（1954—1964 年）度过了他的 8—18 岁。安倍出生于 1954 年，他的 8—18 岁间也就是 1962—1972 年，正是日本的高度经济成长期。也就是说两人都是在日本和美国最好时代的富裕家庭长大的。

憧憬着美国的繁荣并试图获取同等繁荣的过程，就是日本的高度经济成长期。获取与美国同样的繁荣这一目标在泡沫时期几乎得以实现，至少在当时人们的感觉是这样的。

在日本的泡沫破灭之后，美国不再是日本憧憬的对象，由实也因此失去了后盾。1991 年由实发行了专辑 *DAWN PURPLE*，与她在 1975 年发行的专辑 *COBALT HOUR* 相比，两张专辑的名字同样都是描写黎明时分天空的颜色，1975 年的她用 COBALT（深蓝色、钴蓝）来形容天空的光辉，而 1991 年则变成了象征成熟的紫色。

并且，在 *DAWN PURPLE* 中有一首歌是这么唱的："请让我再听一次那时的歌，就一次，用你的声音。我不想忘记那时的梦，现在我的热情无法到达，该为了什么目的活下去，抱紧无法说出口的不安。"（《无法达到的热情》）歌词中的"你"指的就是美国。失去了全盛期的美国也失去了梦想和热情，这首歌是由实唱给美国的挽歌。

可以想象由实的世界就是以日美关系为背景的，她的音乐也是以安保体制为基础的音乐。这样的由实在安倍辞任时流下了眼泪，实在是非常容易理解的。不仅仅因为他们是同一代人，还因为他们的生长环境、价值观、世界观、社会认知都是相同的①。

———————

① 在本次调查中对于"在海外的国家和地区中，你憧憬的地方是哪里？"这一问题，对安倍政权"评价很好"的人中有 32%，"评价较好"的人中有 26%，"不予置评"的人中有 16%，"评价较差"的人中有 18%，"评价很差"的人中有 11%选择了美国。而对于欧洲各国的选择虽然不如美国多，但也有类似的倾向。

综上所述，从第三章和第四章的分析来看，对安倍政权给予正面评价和负面评价的人可以总结如下：

①基本上高学历、高收入、上流到中流的正规雇用者是对安倍政权正面评价的主要人群，他们之中男性多于女性。他们高度评价安倍政权的经济政策，与非正规雇用者之间的"分歧"很大。简单来说就是"经济上的胜利者"对安倍政权评价较高，而"失败者"则评价较低。

②对安倍政权给予正面评价的人都是在消费、经济、工作领域实现了现代化潮流的人（购买高级商品、进出高级百货店、去健身房健身、住塔楼公寓等）。

③支持安倍政权另一面，也就是所谓的爱国、守旧、排外属性的是不属于高学历、高收入、上流或中流的中年男性。

④总体上来说下流中年男性也有许多人不支持安倍政权。由于经济差距的扩大，中年男性对安倍政权的评价呈现两极化。

⑤高学历、高收入、人文系女性的反安倍特征较强。这些女性对安倍评价低的原因之一是安倍政权并没有推进职场中的男女平等。

第五章 | 年轻人为何聚集东京或移居地方

5-1 地方的女性为何聚集在东京

年轻女性因为厌恶大叔文化而离开地方

前东京奥运会组织委员会委员长森喜朗因"女性多了会议就会没完没了"的发言而辞职。也许有很多人会认为，出于这样的原因而辞职是无法理解的。"女性总是一发言就毫无重点地说个没完"，这是很多男性对于女性的一种固有偏见。

就算真有这样的女性，也一定不是在职场工作很久的女性。有较长工作经验的女性一般不会发生那种情况。况且即便是男性，也有很多抓不住要领的人。这种情况与性别完全没有关系。

法政大学总长田中优子女士在《日经新闻》中写道：森喜朗的发言不仅是歧视女性，还暴露了那个会议的流程本身就是有问题的。

田中女士还写道："我作为学部长担任了教授会的议长"，"议长有两个主要职责：一是在规定时间内结束审议，另一个就是在必要的范围内进行深入讨论"，"由于这两点有矛盾的地方，因此在出现需要展开讨论的议题时，我会提前把参考资料发给大家，明确会议的目的，并为了解决课题征集意见","当有人对提案提出异议时，就会将异议保留继续审议"，当反对意见很多时，"就会请大家对反对意见进行深入探讨，并制定出相应的提案","也有的参会者在赞成提案的同时也会从其他侧面陈述意见。这时我就会告诉大家这也是重要的观点，并留存在会议记录上，之后再进行审议"。

"会议中我会请大家展开讨论，议长需要听取各种各样的意见。如果有不明白的地方就需要用自己的话表达出来并向对方进行确认。最后将主旨相同的意见总结起来，整理成两个或三个提案，请大家表决。"

"总之会议的过程是非常忙碌且充实的。如果议长觉得会议时间过长，就说明议长并没有发挥应有的作用。"

显然森喜朗不仅作出了歧视性的发言，还因此招致了人们的厌恶。如果作为委员长的森氏说出这样的话，那么很多参会的人就不敢再发言了吧。

见机行事的人们

不仅是森喜朗的会议，在开会时不发言的日本人越来越多了。至今为止我做过很多次演讲，几乎都没什么人提问。我最近也经常为中国人做演讲，在演讲过程中有的人一直玩手机或者打电话，也有的人会窃窃私语，就像是混乱的班级一样令人苦恼。但是一旦到了提问环节，就会有很多人提问，并且问题的内容也非常具有针对性，态度非常积极，让我不知不觉中忘了演讲时的苦恼，从而非常努力地回答大家的提问。演讲结束后会觉得很不可思议。这是在为日本人做演讲时不曾有过的经历。

位于东京等地的开展国际业务的大企业，对性别等方面的"政治正确"非常敏感。这种情况在大学中也很普遍。但是一旦到了地方或者东京的郊区，80 岁以上的"长老统治"现象就非常普遍，在这些地区老旧的价值观根深蒂固。很多年轻女性正是因此才离开的。

另一方面，年轻人也失去了应有的活力。大约在 3 年前，我曾与某地方青年会所的几位青年男性一起吃饭，他们的举止非常成熟，令我感到惊讶。我印象中的青年会所应该是最有活力的年轻人聚集的地方。然而最近的青年会所却发生了很大的变化，这令人感到不可思议。难道是因为年轻人想在"长老"面前故作老成吗？

可能正是因为厌恶地方的这种风气，所以才有很多不需要继承家业的女性离开地方，搬去更加自由平等的东京吧。如果地方希望能够聚集更多的年轻人群，特别是女性，就必须做出改变，重视自由，包容人们的多样性。

东京市中心的女性增多的原因

在东京特别是 23 区的人口自进入 21 世纪以来就不断增加。这主要是源于小泉政权的都心重新开发政策。都心的塔楼公寓等住宅激增，也促成了人口增长。

那么搬来东京的人是谁呢？主要是由于升学和就业而来的年轻人群。

虽然年轻人搬到东京并不是现在才有的现象，但是近年搬来东京的年轻人与以往有所不同，他们之中女性越来越多了。在泡沫时期的 1986

年到 1989 年，来到东京的人群中有 58% 是男性，而近年来这个比例下降到 52%（图 5-1）。男女人数越来越接近。

（%）

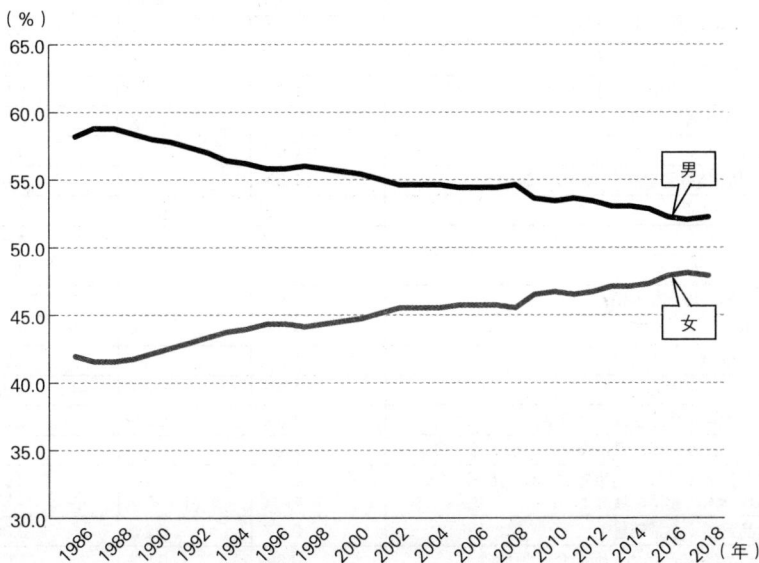

出处：三浦展根据总务省"住民基本台账"制作。

图 5-1　从其他道府县搬到东京的男女比（仅日本人）

这大概是由于随着女性的高学历化，以升学或就业为契机搬到东京的人增多了。Mif 对出身于一都三县以外的地方的 20—59 岁女性的职业进行了统计，对比了"住在地方的女性"和"住在东京的女性"之间的职业差异（表 5-1）。

如表 5-1 所示，出身于地方并居住在东京的女性从事比例较高的职业如下：

①高学历较多的管理层公务员、证券业、研究员、管理层、医生/牙医、生活顾问、法律相关职业等精英阶层；

表5-1 一都三县以外的地方出身女性 不同居住地与职业（20—59岁）

居住地	东京都	地方	二者之差（倍数）
人数	320	4761	
通信/信息系统销售（面向企业的）	1.3%	0.1%	13.00
管理层公务员（国家/地方、课长以上职位）	0.9%	0.1%	9.00
有价证券买卖中介、证券经理人、政权外务员	0.9%	0.1%	9.00
作家、记者、编辑	1.3%	0.2%	6.50
教师（大学）	0.6%	0.1%	6.00
公司/团体等管理层（课长以上职位）	2.5%	0.5%	5.00
系统工程师	2.5%	0.5%	5.00
人事文员	2.8%	0.6%	4.67
其他IT技术人员	0.9%	0.2%	4.50
音乐家、舞台艺术家	0.9%	0.2%	4.50
秘书	1.3%	0.3%	4.33
医生/牙医	1.3%	0.4%	3.25
生产工场工作人员	1.3%	0.4%	3.25
保险代理、保险中介、保险营业	1.6%	0.5%	3.20
美术家、设计师、网站设计师、摄影师、摄像师	2.2%	0.7%	3.14
法务职业（法官、检察官、律师、专利律师、司法代书人、律师助理等）	0.6%	0.2%	3.00
商品策划（店铺销售）	0.6%	0.2%	3.00
化学品/医药品销售（面向企业/医院等）	0.6%	0.2%	3.00
顾问（IT）	0.3%	0.1%	3.00
生活顾问	0.3%	0.1%	3.00
商品策划（网络销售）	0.3%	0.1%	3.00
网店运营	0.3%	0.1%	3.00
邮局事务	0.3%	0.1%	3.00
接待服务人员、艺人、舞蹈演员	0.3%	0.1%	3.00
机器操作职业	1.3%	0.6%	2.17
程序员	0.6%	0.3%	2.00
美容师	0.6%	0.3%	2.00

出处：三菱综合研究所"生活市场预测系统"（2020）。

②通信/信息系统销售、系统工程师、IT 顾问、其他 IT 技术人员等IT 类工作；

③视频制作、作家/记者/编辑、音乐家/舞台艺术家、美术家/设计师/网站设计师/摄影家/摄像师等创造性工作；

④秘书、接待服务人员、艺人、舞蹈演员、美容师等传统女性职业；

可见除了传统的都市娱乐型女性职业外，东京还有更多适合高学历女性的职业和对高端职业的劳动力需求，因此越来越多的女性聚集到了东京。

定居在东京的女性

近年来另一个现象是，来到东京的年轻女性即使到了30多岁也不会离开东京。为什么说这是近年来的特征呢？这是因为在以前，大部分女性到了30岁左右就已经结婚生子并搬到更适合家庭生活的郊区。

现在由于上述的都心居住政策，都心出现了很多适合家庭居住的住宅。只要有钱，即便生了孩子依然能够继续住在都心或者23区内。

越来越多居住在23区内或都心地区的女性在结婚后依然选择继续工作。根据国势调查，从2015年23区的不同年龄女性比例来看，随着年龄增长女性比例却在下降。从23区整体情况来看，25岁人群中女性为50.8%，而54岁人群中仅有48.3%是女性。

然而，在文京区、港区、目黑区、杉并区、世田谷区、涩谷区、中央区等从都心到西南部的地区（职场近或良好住宅地），无论哪个年龄段的女性比例都超过了50%，并且三四十岁之后还呈现出女性比率升高的倾向（图5-2）。50岁以上人群中的女性比例也几乎都在50%以上。也就是说超过四五十岁还在继续工作的高收入女性更倾向于选择居住在从都心到东京西南部的地区。

（%）

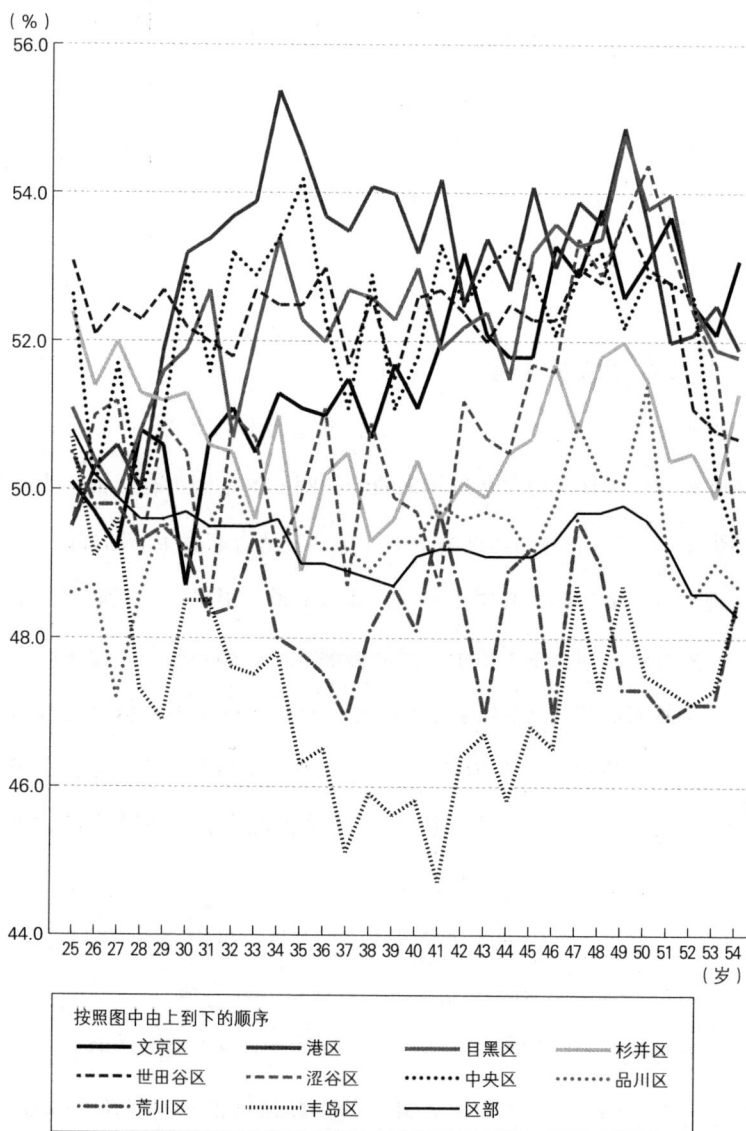

注：图仅显示 23 区中超过平均水平的地区。

出处：三浦展根据总务省"国势调查"2015 制作。

图 5-2　东京 23 区 15—54 岁人口的不同年龄女性比例

认可多样性的企业和女性向往大城市

根据 2015 年的国势调查小地域统计，我们筛选出未婚女性比未婚男性多三成以上的地区，能够明显看出从都心到东京西南部地区更受女性欢迎（图 5-3）（拙作《都心集中的真相》筑摩新书，2018 年）。

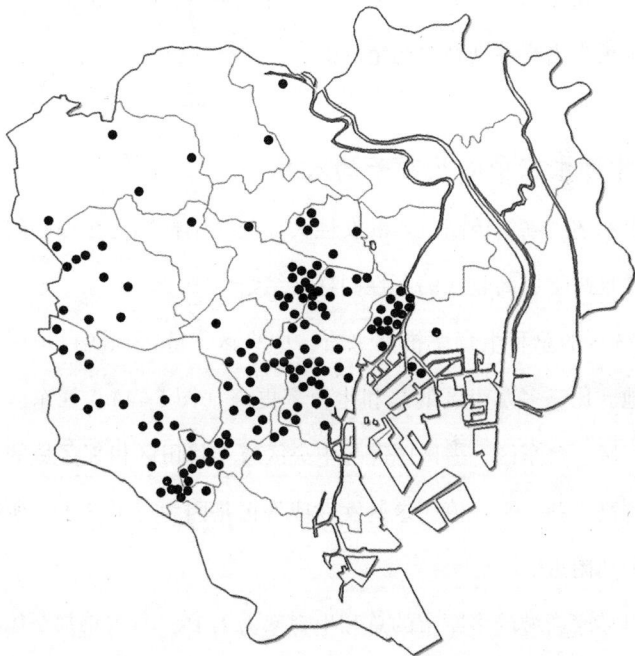

资料：三浦展根据总务省"国势调查小地域统计"制作。

出处：三浦展：《都心集中的真相》。

图 5-3 未婚女性比未婚男性多三成以上的地区

从交通路线来看，东急东横沿线很受欢迎。这与上述女性占比高的地区一致。这附近都是自大正时期以来开发的优良住宅地，不仅治安很好，而且到涩谷、惠比寿、青山、六本木、日比谷、大手町、日本桥等地的交通也很便利，因此很受欢迎。由于这些地区的女性就业率较高，时尚、美容等产业也从都心延伸到了西南部地区。

近年来迅速成长的 IT 企业也大都聚集在山手线西侧的涩谷、惠比寿等地，很多女性也进入了这些行业。与其他传统型产业相比，IT 产业无论经营者还是从业者都比较年轻，具有包容多样性的价值观，在这些行业中也很少出现性别歧视的情况。

越靠近东京中心生孩子的人越多

如上所述，高学历高收入的女性大部分会选择居住在都心到西南部地区，并且高学历高收入的女性同样会结婚生子。

从 23 区的总和生育率推移来看，中央区、港区、江户川区、千代田区等地区比三多摩市区的总和生育率更高（图 5-4）。江东区、品川区、文京区、台东区、墨田区等与中央区或千代田区相邻区域的总和生育率也都高于各区平均值。这些女性或许正是因为有了孩子，所以选择居住在公司附近。

拥有多摩新城的多摩市的总和生育率为 1.15，与东京都全体的总和生育率相同。而前面列举的中央区到墨田区的总和生育率更高。

新城本来是为了有孩子的年轻家庭而建造的，但是现在这里的总和生育率却比东京部分地区更低（虽然确实有一些人在孩子出生后搬到了多摩市等郊区居住）。这可能是由于对于育儿期的人群来说，从多摩市到都心去上班是件很痛苦的事情。

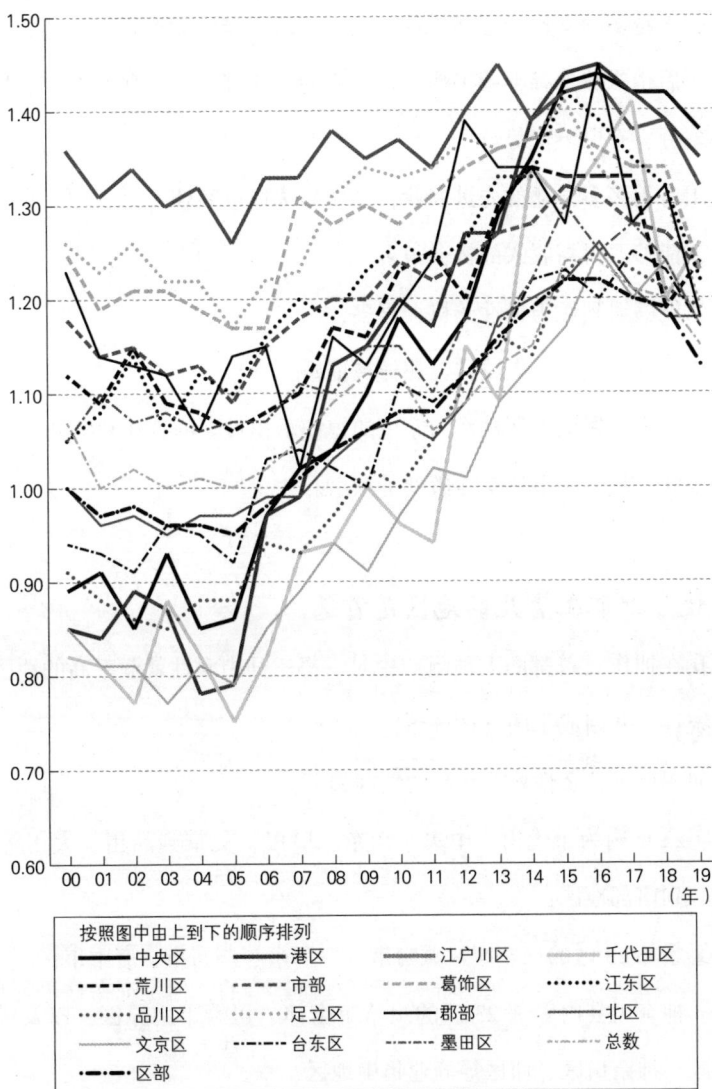

图表中仅显示23区中高于平均水平的地区。

出处：三浦展根据东京都"厚生行政统计"制作。

图5-4 东京23区 不同地区的总和生育率推移

越来越多的女性能够和男性一样进入四年制大学取得高学历，在结婚生子后也依然选择继续工作。在这样的现代社会，居住在东京特别是都心附近，有以下优势：

①有很多多样化的先进职业，工作的选择空间较大；

②能够取得高收入的机会很多；

③能够遇到优秀男性的机会很多；

④不会像地方的人或父母那样被催婚；

⑤不会像在地方那样作为家里的媳妇承担过多的责任和家务。

因此，越来越多的女性搬到了东京。

便于双职工育儿的地区是首选

我在拙作《首都圈大预测》中对一都三县中女性就业率高的地区进行了统计，并制成了图（图5-5）。

如图所示，女性就业率高的地区如下：

①23区内为千代田、中央、江东、墨田、文京到品川、大田等23区都心到南部地区；

②紧邻23区的三多摩武藏野市、三鹰市、调布市、府中市；

③神奈川县内紧邻23区的川崎市全体、川崎市中原区，以及横滨市中区、神奈川区、西区等商业集中地区；

④埼玉县内紧邻23区的川口市、蕨市、户田市、和光市、朝霞市、新座市、三乡市、八潮市周边；

⑤千叶县内与23区相邻的浦安市、船桥市周边。

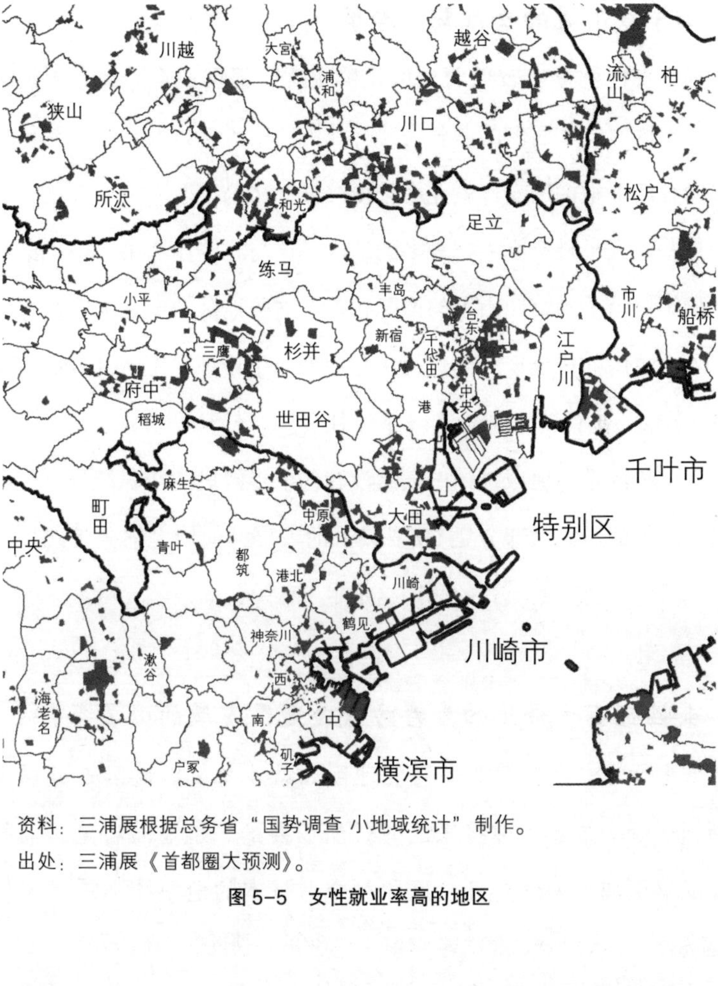

资料：三浦展根据总务省"国势调查 小地域统计"制作。
出处：三浦展《首都圈大预测》。

图 5-5 女性就业率高的地区

可见，在东京 23 区之外，也是与 23 区相邻的市区的女性就业率较高。虽然对于在都心上班的人来说最好能居住在东京 23 区内，但是由于 23 区内房租过高，于是也有很多人选择住在紧邻 23 区的周边地区。特别是很多在结婚生子后仍然工作的女性，会选择住在房子更宽敞，房租更便宜的 23 区之外的地区。

山手线附近的女性就业率低

那么女性就业率较低的地区是哪里呢？根据调查，都心附近的港区、涩谷区，及其西侧的东急大井町线沿线附近，以及从町田到横须贺的多摩丘陵上地区的女性就业率较低（图5-6）。

这些地区也是家庭主妇较多的地区。这与我曾在"第四山手论"中谈及的第二山手到第四山手的情况相符。这些地区的家庭大多数保持着男主外女主内的传统家庭模式（关于第四山手论请参考 ACROSS 编辑室的《"东京"的侵略》或拙作《下流社会》）。

在国势调查小地域统计中虽然没有各个年龄段的情况统计，但我认为这些地区的居民大部分是 60 岁以上的人群，他们大部分是在以传统家庭模式为主要家庭模式的时期结婚生子的一代人。

女性拥有多样化的生存方式是地区发展的必要条件

如上所述，女性就业率高的地区和就业率低的地区划分得十分清晰，而哪一方才是被将来的时代所需要的，也显而易见。双职工夫妻能够更加轻松地育儿，这才是今后日本的地域社会需要提供的必要条件。

《首都圈大预测》写于新冠病毒疫情之前，但是新冠病毒疫情的发生促进了远程办公的实现，减少了 23 区人口，同时增加了郊区人口。但是，我认为并不是所有的郊区都出现了人口增长。

①如果需要每周到公司两三次，则靠近都心的地区更好；

②生活方便且房租较低的地方更好；

资料：三浦展根据总务省"国势调查 小地域统计"制作。

出处：三浦展：《首都圈大预测》。

图 5-6 女性就业率低的地区

③家庭主妇多的地区在氛围上感觉双职工难以融入。女性就业率高的市区有较多商工混住的地区，地区气氛也更易于女性工作。对于女性来说，比起自然环境，容易工作的社会环境更加重要。

从这些条件来看，我认为图5-5中所示的地区很有可能会在今后不断发展。当然，在以家庭主妇型家庭为主的郊区，只要开发得当仍然有可能继续发展。无论如何，让女性拥有多样化的生存方式，依然是地域发展的必需条件，这一点是不会改变的。

如果地方城市和地区不希望年轻女性都搬去东京，并希望在东京的年轻女性能够回到地方，就需要尽量满足以下条件：

①有大量多样化且先进的职业类型和更多的工作机会；

②有较多获得高收入的机会；

③有较多认识优秀男性的机会；

④周围的人不催婚；

⑤不给妻子增添过多的工作。

但是，仅仅在多样化的职业类型和获得高收入的机会这两点上，地方就很难和东京竞争。并且优秀男性也与高收入成正比，这一点地方依然比不过东京。

因此，要想让女性聚集在地方，至少要创造不催婚、不催生的环境，结婚后也不要将妻子与其他人的妻子作比较，要把她们当作独立的个人去对待。如果没有这些态度上的转变，就很难吸引女性回归。

5-2 有移居意愿的人和没有移居意愿的人之间的意识差异

"定居型男性"与"移居型女性"的价值观差异巨大

根据"现代日本人的意识与价值观调查",今后考虑移居的人和不考虑移居的人之间的"日本认知"差异很大。

另外男女之间的差异也很大,因此考虑移居的女性与不考虑移居的男性之间的差异十分显著(并没有年龄差异)。

考虑移居的女性比不考虑移居的男性多 10 个百分点以上的日本认知选项如下(表5-2):

显然,与结婚、性别、家务/育儿、工作方式相关的选项更多。结不结婚都可以、同性结婚也可以、夫妻不同姓也可以、相亲结婚也可以,可见她们在婚姻方面拥有更多样的价值观。

她们希望通过远程办公等方式更加自由地利用时间和空间,希望能够不在意周围的眼光自在地生活,希望除了做上班族也能有其他的工作方式。当然她们也希望能够改善女性的工作条件,增加女性进入政治或经营高层的机会,消除性骚扰和职场霸凌。

简单来说就是对于人特别是女性的生存方式多样性的认知,在"定居型男性"与"移居型女性"之间存在巨大的差异。

住在地方且有移居意愿的女性对性别问题多有不满

下面来看一下考虑移居的女性的地域差(因居住地不同导致的差异)。

196 |

表5-2 考虑移居的女性与不考虑移居的男性之间的日本认知之差（25—54岁）

	男性		女性		移居女性与不移居男性之差（%）
	不考虑移居	考虑移居	不考虑移居	考虑移居	
人数	920	338	919	292	
应该创造出即使不结婚也能过上幸福生活的社会	7.9%	14.2%	21.0%	29.1%	21.2
应该消除对LGBT（同性恋等）的歧视	11.4%	16.0%	19.3%	30.1%	18.7
应该允许夫妻不同姓	8.5%	11.5%	17.0%	26.4%	17.9
应该创造能够为女性提供更好的工作条件和更高收入的社会	6.5%	8.0%	18.5%	24.3%	17.8
对年金/医疗费等社会保障感到不安	28.2%	28.1%	43.3%	45.5%	17.3
对年老后的社会感到不安	21.4%	24.3%	33.2%	38.4%	17.0
男性做家务和育儿的时间太短	6.7%	11.5%	20.3%	22.9%	16.2
应该重新审视仅仅为了延续生命的医疗制度	16.7%	19.2%	20.3%	31.5%	14.8
希望能通过带薪休假或远程工作享受时间和空间的自由	11.7%	13.6%	14.3%	26.4%	14.7
应该实现能够安心养老的福祉社会	17.2%	16.6%	26.7%	31.5%	14.3
对虐待儿童问题的对策迟缓	12.6%	13.6%	22.3%	26.4%	13.8
过于在意他人的看法	13.6%	13.6%	19.7%	27.1%	13.5
对新冠等新型疾病的应对迟缓	17.2%	15.1%	23.2%	29.8%	12.6
政治或经营高层中女性太少	8.0%	11.8%	18.3%	20.5%	12.5
土地和住宅的价格过高	13.8%	21.0%	19.2%	25.7%	11.9
不承认同性婚姻是个问题	4.0%	8.0%	10.3%	15.4%	11.4
应该保障上班族以外的工作方式也能够让人们过上安稳的生活	14.1%	21.0%	17.2%	25.3%	11.2
人们在SNS上的发言变得很有攻击性	18.9%	19.5%	28.6%	30.1%	11.2
个人信息容易被盗	16.2%	18.3%	25.4%	27.1%	10.9
喜欢投诉的人增多，令人困扰	25.8%	28.7%	31.0%	36.6%	10.8
对全球变暖/气候异常/节能等问题的对策迟缓	12.2%	15.4%	20.9%	22.9%	10.7
性骚扰、职场霸凌变多	14.3%	18.3%	18.4%	25.0%	10.7
老年人增多年轻人负担越来越重	14.7%	21.3%	21.0%	25.3%	10.6
觉得相亲结婚也很好	10.8%	13.0%	16.6%	21.2%	10.4

出处：下流社会15年后研究会"现代日本人的意识与价值观调查"（2020）。

　　首先我们对东京圈（一都三县）、关西圈（大阪/京都/兵库），以及地方（东京圈/关西圈以外）的日本认知情况分别进行统计，并对比东京圈与地方的差异（表5-3）。

表5-3　有移居意愿的女性的日本认知（不同居住地区）地方比东京圈多五个百分点以上的项目（25—54岁女性）

	居住在东京圈	居住在地方（东京圈/关西圈以外的地方）	二者之差（%）
合计	101	151	
在教育上花费过多	14.9%	29.1%	14.2
对虐待儿童问题的对策迟缓	19.8%	32.5%	12.7
与邻里之间的交往非常麻烦	9.9%	20.5%	10.6
男性做家务和育儿的时间太短	16.8%	25.8%	9.0
面对面表达自己的主张、讨论不同的意见变得越来越难	5.0%	13.9%	8.9
生活保护等维持最低限度生活的政策不足	7.9%	16.6%	8.7
应该消除对LGBT（同性恋等）的歧视	25.7%	33.8%	8.1
官僚支配过强	11.9%	19.9%	8.0
NHK支持特定政权是个问题	15.8%	23.8%	8.0
关于金钱和经济的教育不足	24.8%	32.5%	7.7
有很多黑心企业	25.7%	33.1%	7.4
政治或经营高层中女性太少	16.8%	23.8%	7.0
有钱人并没有为社会和文化作出贡献	11.9%	18.5%	6.6
应该培养创新企业	2.0%	8.6%	6.6
现在的社会过于看重学历	6.9%	13.2%	6.3
希望商品和服务更具多样性	5.0%	11.3%	6.3
应该创造出即使不结婚也能过上幸福生活的社会	24.8%	30.5%	5.7
对恋爱和结婚没有什么兴趣	6.9%	12.6%	5.7
日本需要强有力的领导者	6.9%	12.6%	5.7
对儿童教育/保育/贫困等问题的支援不足	17.8%	23.2%	5.4
地域社区正在瓦解	4.0%	9.3%	5.3
一旦失败就全部是自己的责任，这种自我责任论的想法过多	7.9%	13.2%	5.3
三连休增多妨碍了工作和学习	0.0%	5.3%	5.3
老年人看护对策迟缓	20.8%	25.8%	5.0

出处：下流社会15年后研究会"现代日本人的意识与价值观调查"（2020）。

　　结果显示，居住在地方的女性选择较多的日本认知选项是"与邻里之间的交往非常麻烦"等典型的地方性问题，以及"男性做家务和育儿的时间太短""LGBT""政治或经营高层中女性太少"等有关性别的问题。

　　另外，居住在地方的女性的日本认知中，"在教育上花费过多"竟然排在第一位。这大概是由于地方的收入较低，而补习班等需要花费的教育费用却在增加。

　　从我的个人经历来说，我在20世纪70年代参加过中学、高中和大学的入学考试。当时在新潟县上越市这样一个中等规模的城市只有一家补习班。在当时上补习班是很另类的事情。但是现在的孩子从中学时期就开始上补习班是非常普遍的现象，甚至有些孩子会为了考初中而上补习班。

希望从东京移居到地方的女性对现代社会持有怀疑态度

　　那么在所有日本认知选项中，地方女性选择少于东京圈女性的选项都有哪些呢？"希望能通过带薪休假或远程工作享受时间和空间的自由"这一与工作方式相关的选项排在第一位（表5-4）。

　　除此之外，考虑移居的东京圈女性选择较多的还有"想过务农生活""应该构建即使贫穷也能拥有丰富内心的社会""应该重新评价日本传统的匠人文化"等都市中没有的追求丰富的内心、悠闲的生活以及传统文化相关的选项。

表5-4　有移居意愿的女性的日本认知（不同居住地区）地方比东京圈少五个百分点以上的项目（25—54岁女性）

	居住在东京圈	居住在地方（东京圈/关西以外）	二者之差（%）
人数	101	151	
希望能通过带薪休假或远程工作享受时间和空间的自由	34.7%	19.9%	−14.8
对新冠等新型疾病的应对迟缓	38.6%	27.2%	−11.4
应该重新评价日本传统的匠人文化	26.7%	17.2%	−9.5
日本的社会有闭塞感（看不到出路的感觉）	27.7%	18.5%	−9.2
希望父母与孩子能住得近一点，大家庭悠闲地生活在一起	13.9%	5.3%	−8.6
觉得相亲结婚也很好	25.7%	17.2%	−8.5
应该提高有钱人的税金	32.7%	24.5%	−8.2
除了家和公司，无处可去	12.9%	5.3%	−7.6
表达过于自由，应该有一定程度的限制	10.9%	3.3%	−7.6
应该减少公务员数量	20.8%	13.2%	−7.6
便利店、家庭餐厅、购物商场等全国连锁店越来越多，很无聊	16.8%	9.3%	−7.5
社会中的规则/秩序正在逐渐消失	17.8%	10.6%	−7.2
报纸/新闻业变差了	16.8%	9.9%	−6.9
新技术不断涌现，跟不上技术发展的脚步	13.9%	7.3%	−6.6
想过务农生活	9.9%	3.3%	−6.6
应该构建即使贫穷也能拥有丰富内心的社会	22.8%	16.6%	−6.2
对中国/朝鲜/韩国政策软弱	20.8%	14.6%	−6.2
人们过度集中于东京	29.7%	23.8%	−5.9
认真工作的人应该得到回报	41.6%	35.8%	−5.8
在现在的社会中有空虚感	25.7%	19.9%	−5.8
外交能力薄弱	20.8%	15.2%	−5.6
应该摆脱对核电站的依赖	18.8%	13.2%	−5.6
应该促进大阪等地方大城市的人口增加，与东京平衡发展	14.9%	9.3%	−5.6
由于网络等原因，个人的隐私开始受到侵害	26.7%	21.2%	−5.5
个人难以拥有梦想和希望	26.7%	21.2%	−5.5
应该将古老的城镇巧妙地运用到城市建设中	16.8%	11.3%	−5.5
绝对的男女平等很麻烦	13.9%	8.6%	−5.3
担心自己的言行有可能通过网络被别人知道，从而控制自己的言行	13.9%	8.6%	−5.3
个人的自由过多	9.9%	4.6%	−5.3
应该维持地方的自然环境和悠闲的生活	17.8%	12.6%	−5.2

出处：下流社会15年后研究会"现代日本人的意识与价值观调查"（2020）。

另外，对于"日本的社会有闭塞感（看不到出路的感觉）""在现在的社会中有空虚感""个人难以拥有梦想和希望"等选项，也是东京圈女性选择得较多。

总而言之，那些对都市生活感到疲惫，或者说对近代主义、竞争主义的价值观和生活感到疲惫或持怀疑态度的女性才会考虑移居到地方。

关于"应该允许夫妻不同姓""不承认同性婚姻是个问题""应该把男性的育儿休假义务化""性骚扰、职场霸凌变多"等选项，则并没有明显的地域差异。

另外，"应该取消正规雇用和非正规雇用的区别，让大家都能选择适合自己能力和生活方式的工作""对冰河期世代/失去的一代的支援不足"等与雇用形式相关的选项也没有明显的地域差异。

东京圈内有移居意愿的女性多为高学历/正规雇用/高收入女性

我们根据 Mif 在 2020 年 6 月的调查结果统计了有移居意愿的女性的属性（因此调查对象与本次"日本人的意识与价值观调查"不同）（表5-5）

结果令人感到意外，东京圈女性与地方女性的差异其实并不大。

有移居意愿的女性普遍比没有移居意愿的女性年轻，其中 25—29 岁的年轻女性居多，因此有移居意愿的女性中，未婚女性和已婚但没有子女的人也比较多。但是居住在地方且有移居意愿的女性的未婚率比东京圈低，因此，她们中有子女的人也比东京圈女性稍多。

表5-5 考虑移居和不考虑移居的人的属性比较（东京圈与地方的25—54岁女性）

		东京圈		地方	
		不考虑移居	考虑移居	不考虑移居	考虑移居
人数		2310	934	3717	1376
年龄	女性25—29岁	16%	21%	14%	21%
	女性30—34岁	15%	15%	13%	17%
	女性35—39岁	14%	14%	15%	14%
	女性40—44岁	18%	15%	19%	16%
	女性45—49岁	21%	18%	20%	17%
	女性50—54岁	17%	16%	19%	16%
婚姻状况	未婚	34%	44%	30%	35%
	已婚	61%	50%	62%	57%
	离婚	5%	6%	8%	7%
	丧偶	0%	0%	1%	0%
子女	有	45%	30%	54%	43%
	无	55%	70%	46%	58%
学历	四年制大学毕业	43%	48%	29%	34%
就业形态（主要类型）	公司职员（正式员工）/团体职员	42%	50%	38%	41%
	兼职/打工	34%	25%	40%	33%
年收入	不足200万日元	55%	47%	63%	60%
	200万—300万日元	12%	13%	14%	14%
	300万—400万日元	11%	12%	9%	10%
	400万日元以上	16%	22%	8%	9%
生活整体满意度	比较不满	13%	16%	14%	19%
	不满	6%	9%	6%	10%
	满意	5%	5%	4%	3%
工作/学业满意度	比较不满	14%	16%	14%	18%
	不满	10%	15%	10%	14%
时尚满意度	比较不满	15%	18%	17%	22%
	不满	5%	5%	4%	6%
能力发挥满意度	比较不满	15%	19%	15%	19%
	不满	7%	12%	6%	13%
休闲娱乐满意度	比较不满	15%	18%	15%	18%
	不满	7%	8%	6%	9%
职场或学校的人际关系满意度	比较不满	9%	11%	9%	12%
	不满	6%	9%	6%	8%

（续表）

		东京圈		地方	
		不考虑移居	考虑移居	不考虑移居	考虑移居
与家人交流满意度	比较不满	7%	12%	8%	12%
	不满	4%	5%	4%	6%
与朋友人际关系满意度	比较不满	12%	15%	13%	17%
	不满	5%	6%	5%	7%
与邻里关系满意度	比较不满	8%	10%	9%	12%
	不满	4%	5%	4%	7%
社会贡献活动（捐赠、志愿者活动）满意度	比较不满	7%	10%	8%	12%
	不满	3%	5%	3%	4%
产生压力的主要原因	职场人际关系	34%	42%	36%	37%
	与父母或配偶父母的关系	22%	26%	23%	29%
	工作过劳	20%	23%	20%	21%
	精神打击	17%	22%	16%	23%
	经济问题	31%	38%	33%	37%

出处：三菱综合研究所"生活市场预测系统"（2020）。

在学历方面，无论是东京圈还是地方，有移居意愿的女性比没有移居意愿的女性的四年制大学毕业率都多出五个百分点。可以说高学历化提高了女性的移居意愿。

从就业形态来看，有移居意愿的女性中正规雇用者较多。另外居住在东京圈且有移居意愿的女性比没有移居意愿的女性的正规雇用率多8个百分点。可以说，东京圈正规雇用的就业形态也提高了女性的移居意愿。

从收入来看，东京圈有移居意愿的人收入略高。

另外，有移居意愿的人无论居住在东京圈还是地方，对生活整体的满意度都比较低。居住在东京圈的人主要在工作/学业以及能力的发挥等方面不满特别多，在这些方面的满意度与没有移居意愿的人相比差距较大。

而居住在地方的人不满特别多且与没有移居意愿的人相比差距较大的，主要集中在工作/学业、能力发挥、时尚、朋友交往及邻里交往等方面。

从产生压力的原因来看，居住在东京圈且有移居意愿的人，压力主要来源于职场的人际关系和经济问题，与没有移居意愿的人都相差8个百分点。

而居住在地方且有移居意愿的人的压力主要来源于与父母或配偶父母的关系，也就是说地方独特的传统家族观念导致了压力的产生。

在东京圈工作的女性有何不满

那么居住在东京圈且有移居意愿的女性对于工作或能力发挥的不满究竟是指什么呢？

虽然我们无法了解她们具体有着怎样的不满，但是大概可以想象在东京圈工作的女性的不满应该是类似以下的情况：

①想开展共享经济方面的业务，却被上司指责说，现在工作的企业仅仅以生产销售商品为使命，共享经济赚不到钱。

②在化学公司工作的女性想生产纯天然的洗剂，但是公司只能生产合成洗剂（一位有此经历的女性后来到美国留学，现在活跃于日本的城市建设领域）。

③想要消除微塑料，但是在现在工作的企业难以实现。自己喜欢木制和陶瓷器产品，因此在烦恼是否应该跳槽到相关领域。

④在不动产企业从事重新开发的工作，但是自己真正想做的是不破坏旧房子或店铺，通过重新装修继续使用。因此感到很烦恼。

⑤希望能够实现公平贸易，但是现在工作的企业却通过从落后国家压价购买来赚取利润。对此感到苦恼。

总之，只有在东京的最先进企业工作的女性才能够获取与环境和共享经济等有关的最新信息。她们自己非常希望从事与之相关的工作，但是现在的职场却无法提供这样的工作环境。职场女性的不满或许正是源于这些问题。居住在东京圈且有移居意愿的女性大部分是高学历/正规雇用/高收入人群，这也可以在一定程度上佐证以上的推测。

希望离开东京圈的女性对"共享"感兴趣

居住在东京圈且有移居意愿的女性具有关心共享和环保的特征。从我的采访经验来说，有移居经验的人对于共享房屋等共享经济很感兴趣。实际上在 Mif 的调查中也能看出端倪，有很多居住在共享房屋的人对移居感兴趣（表5-6）。

表5-6　住在共享房屋的女性的移居意愿比率（25—54岁女性）

	人数	不考虑移居	考虑一年之内移居	考虑在五年后移居	考虑在十年后移居	期限不确定但考虑移居	已经完成移居
女性	10024	70.4%	3.7%	6.0%	1.9%	15.1%	2.8%
符合	194	60.3%	9.8%	13.4%	2.6%	9.3%	4.6%
比较符合	1126	62.8%	7.8%	9.4%	3.7%	9.9%	6.3%
不符合	8704	71.6%	3.1%	5.4%	1.6%	15.9%	2.4%

出处：三菱综合研究所"生活者市场预测系统"（2020）。

有移居意愿的人比没有移居意愿的人更习惯利用民宿、共享会议室、优步等交通服务、共享车辆、共享衣服等共享服务（表5-7）。

表5-7　利用共享经济的女性的移居意愿比例（25—54岁）

	人数	不考虑移居	考虑一年之内移居	考虑在五年后移居	考虑在十年后移居	期限不确定但考虑移居	已经完成移居
女性	10024	70.4%	3.7%	6.0%	1.9%	15.1%	2.8%
民宿（Airbnb、Tomarina、STAY JAPAN等）	222	41.0%	12.2%	18.0%	4.1%	20.3%	4.5%
会议室/活动空间等（Space market、Spacee等）	154	44.8%	14.3%	11.7%	5.8%	20.8%	2.6%
停车场/农地等空间（akippa、私人停车场等）	224	58.9%	7.1%	15.2%	3.6%	13.4%	1.8%
运输服务（Uber、UberEats、notteco等）	231	48.9%	10.8%	14.7%	4.3%	19.9%	1.3%
共享汽车，共享单车	231	49.8%	10.0%	14.3%	5.2%	19.0%	1.7%
衣服/名牌等（Laxus、SUSTINA等）	88	45.5%	13.6%	15.9%	3.4%	21.6%	0.0%
知识与技能（TimeTicket、Any+Time等）	28	32.1%	21.4%	28.6%	3.6%	10.7%	3.6%
众筹（Makuake、readyfor等）	165	53.3%	6.1%	9.1%	3.6%	22.4%	5.5%
其他共享经济服务	9	44.4%	0.0%	33.3%	0.0%	22.2%	0.0%
从未使用共享经济	9010	72.5%	3.1%	5.1%	1.7%	14.7%	2.8%

出处：三菱综合研究所"生活者市场预测系统"（2020）。

居住在共享房屋或民宿的大多数人都很擅长与其他人进行交流，并且他们自身也很享受这种交流带来的乐趣。因此，他们有自信能够在不熟悉的移居地顺利地生活下去。

东京圈内有移居意愿的女性大部分喜欢旅行，她们希望体验的也大多数是"接触大自然""感受当地的文化""参观名胜古迹和遗址"等旅行项目，可见她们对于自然/文化/历史的关心度比较高（表5-8）。

表5-8 移居意愿与希望体验的旅行项目（25—54岁女性）

		没有移居意愿	有移居意愿
人数		2310	934
国内一日游	不去	25%	19%
	几年一次	15%	13%
	一年一次	20%	20%
	一年数次	36%	45%
需要住宿的国内旅行	不去	18%	14%
	几年一次	21%	16%
	一年一次	27%	28%
	一年数次	31%	40%
海外旅行	不去	57%	42%
	几年一次	24%	26%
	一年至少一次	14%	27%
希望体验的旅行项目（多选）（主要内容）	接触大自然	41%	51%
	参观名胜古迹和遗址	44%	49%
	放松身心	36%	44%
	购物	38%	43%
	活动或庆典	22%	28%
	开汽车或摩托车兜风	15%	20%
	乘坐电车或新干线等	17%	23%
	美术馆或博物馆	24%	30%
	登山和徒步	13%	17%
	感受当地文化	25%	32%

注：省略了小数点后的数字，因此有时合计不足100，有时合计超过100。
出处：三菱综合研究所"生活者市场预测系统"（2020）。

在现实生活中，她们对于"食用无农药/有机农产品或不含食品添加剂的天然食品"或者"使用天然材料的有机化妆品、植物系列化妆品"等需求较高（表5-9）。

另外，她们对于能够发挥地方优势的生活很感兴趣。她们中有很多人把"珍惜自然和地球环境""希望居住在自然资源丰富的地方""对地

表5-9 移居意愿与自然志向（25—54岁女性）

		没有移居意愿	有移居意愿
人数		2310	934
现在：食用无农药/有机农产品或不含食品添加剂的天然食品	符合	5%	8%
	比较符合	19%	23%
	难以回答	41%	40%
	不太符合	22%	20%
	不符合	14%	10%
现在：使用天然素材的有机化妆品，植物系列化妆品	符合	5%	7%
	比较符合	13%	17%
	难以回答	28%	28%
	不太符合	20%	21%
	不符合	35%	28%
现在：希望珍惜自然和地球环境	符合	21%	27%
	比较符合	51%	50%
	难以回答	25%	19%
	不太符合	3%	3%
	不符合	1%	1%
今后：居住在自然资源丰富的地方	希望	14%	23%
	比较希望	33%	37%
	难以回答	29%	25%
	不太希望	13%	9%
	不希望	11%	6%
认为很重要：地区特有的自然和文化保护不足	重要且亟待解决	10%	14%
	重要	62%	59%
	不重要	28%	27%
将来对下一代的期望：珍惜自然和地球环境	符合	22%	24%
	比较符合	45%	54%
	难以回答	27%	18%
	不太符合	4%	4%
	不符合	2%	0%

注：省略了小数点后的数字，因此有时合计不足100，有时合计超过100。

出处：三菱综合研究所"生活者市场预测系统"（2020）。

区特有的自然及文化保护不足"等视作亟待解决的重要问题。

由此可见，希望从东京圈移居到地方的人们对于共享及环保的关心度较高，对于振兴各地特有的历史/文化/城市也比较关心。如果这些人移居到地方，就可以在工作之余参与共享或环保活动以及城镇的振兴工作，这对她们来说将会是非常重要的激励。

另一方面，地方依然在模仿东京，大张旗鼓地进行城市再开发，他们误以为在车站周围建造高楼大厦就能吸引年轻人回来，类似的错误政策也屡见不鲜。

年轻人通过"旧物利用"定居在地方

我曾经在福井市参与过类似的活动。这件事详细记述在拙作《人间的居住场所》中。在此仅做一个简单的介绍。

2012 年 12 月我去福井市见我的老朋友，他是北陆地区最高级的料理店"开花亭"的社长。来小松机场迎接我的社长在车里对我说："福井市当然也有开发计划，但都是一些毫无头绪的事，不知道该从哪里着手。"

我当时马上回答他："自己来做就好了。我正在和手塚先生商量要在吉祥寺 Hamonika 商店街策划一个社区设计大奖赛，从市民中募集振兴城镇的建议。福井也这么做就好了。审查委员长由隈研吾先生担任，我也可以做委员，还可以邀请 R 不动产的马场先生和设计师坂田夏水女士。"

请隈研吾先生做委员长是因为隈先生设计了开花亭的新店。社长听后说"啊，原来如此！真是让人恍然大悟"，他似乎也一下子提起了兴致。于是我立刻联系了马场先生，并商量好于次年 3 月末由隈先生、马场先生和我一起召开策划发布会，主题就是"课题都市：福井"。

就这样滨町社区设计大奖赛启动了。我和马场先生一行走在福井的街头，看着古老的楼房和商店街，不禁感到欣喜和感动。

然而福井的行政人员对此感到十分不理解。他们认为如果不把旧楼推倒重建，福井就没有未来。

我们最终募集到很多的提案，并于2014年2月举办了滨町社区设计大奖赛的公开审查会。当时男女老少齐聚一堂，对城镇振兴提出了各种各样的建议，甚至比吉祥寺的活动更具多样性，十分有趣。

经过审查，我们推选出了两个大奖。一个是"滨町×体育运动×笏谷石"项目。在滨町旁边有一条河，可以乘坐独木船从滨町顺流而下直到河流下游的凑町三国地区，还可以在河流沿岸设置一些自行车骑行项目。滨町与三国地区在历史上有一些渊源。曾经北上的船只把货物运送到三国，然后又从三国运送到滨町。在这一历史关系的背景下结合一些现代的运动，是一个很有可行性的提案。

另一个是一位女性提出的"一点点"方案。在以料理店为特色的滨町中心，摆上各种各样的小摊，卖一些小商品。据说在福井县的商业销售额中，路边商店所占的比例是日本第一。也就是说大型的购物商场成了购物的主要设施，而历史悠久的商店街所面临的生存状况越来越严峻，与很多地方的商店街一样十分萧条。这位女性的提案就是鼓励个人经营一些小摊，销售自己喜欢的商品。

三年后，开花亭前面的一栋旧楼开始重新翻修。而青山知名的家具和家居用品店IDEE的创始人黑崎辉男作为制作人，在这里创立了为福井年轻设计师提供共享办公室的 CRAFT BRIDGE（图 5-7）。

在这期间，也有许多新店开始入驻滨町，还新开了一家装修学校。福井政府也开始理解通过旧物利用来振兴城镇的优点，还邀请了一些当地银行的优秀员工参与其中。

建造新大楼，提高房租，引入全国连锁店这样的模式并不适合福井县内的年轻人，于是年轻人为了寻求机会而搬去大阪、京都、东京或名古屋等大城市。

但是，如果能够重视旧物利用，并邀请黑崎先生任教，那么福井的年轻人就可以留在当地从事设计或建筑的工作。年轻人之间也可以形成合作团体，这才是最重要的。

图 5-7　为福井的年轻设计师而建的共享办公室 CRAFT BRIDGE
就是利用了重新装修的废弃楼房。

以"一百年"为轴建设城镇

我想再介绍一个我参与过的项目。在我的家乡新潟县上越市（旧：高田市）有一个"百年料理店网络"项目。

高田在明治以后，由于陆军的成立，花街柳巷开始盛行。在全盛时期，也出现了非常多传统料理店。宇喜世就是其中之一。宇喜世成立于大正初期，建筑的主体部分始建于一百多年以前，之后经过了多次增建，一部分建筑达到了三层楼。高松宫殿下曾在战后到访此处，还留下了与艺人们一起拍摄的照片。宇喜世的大厅有 150 叠榻榻米的面积，是从大正到昭和初期建造的，算得上是日本最古老的料理店之一。

然而，传统料理店在全国的衰退是有目共睹的。进入二十世纪后，在日俄战争和第一次世界大战时期有过短暂的繁荣，之后随着二战加剧开始衰退。虽然在二战后的经济高速增长期迎来了再次繁荣，但 1973 年的石油危机使其再次衰退。20 世纪 80 年代泡沫时期，料理店再次崛起，然而随着泡沫的破灭，料理店又一次陷入危机。进入 21 世纪之后，随着政府官员接待被禁止，宴会需求减少，越来越多的传统料理店逐渐废弃或转行，也有很多料理店被翻修成旅馆。

作为高田知名料理店宇喜世的社长，大岛诚氏一直在思考能为传统料理店的维持和发展做些什么。他首先咨询了能否拿到国家的补助金，但是使用补助金需要有能够得到全体国民理解的公共目的。于是他利用观光厅的补助金开始筹划创建"全国百年传统料理店合作网络"，并命名为"百年料亭网络"。大岛氏亲自到访了从青森县到大分县的传统料理店，并召集了 18 家料理店加入合作网络。2017 年 3 月百年料亭网络成立大会召开。之后又有许多传统料理店加入其中。百年料亭网络的活动得到了观光厅的高度评价。

由于新冠病毒疫情的发生,料理店再次陷入困境,就连酒店业和旅游业也深受打击。普通的餐饮店更是对此一筹莫展。

在现代生活中,大家都在寻觅值得一去的店铺。因此具有百年历史的传统料理店是很有价值的。宇喜世内部的装修非常精致,大岛氏也在努力尝试寻找除了宴会以外的料理店新用途。他认为料理店也可以作为举办时节活动或度假办公的场所(图5-8)。虽然料理店无法用于住宿,但是城镇上有几家改造旧房子建成的旅店。如果能够与这些旅店合作的话,应该能够开发出传统料理店的新用途。

图5-8　高松宫殿下到访的"樱花间",用于度假办公应该会很有意思。

以历史吸引人们创造未来

提到"百年",我想到了在高田有一家一百多年历史的电影院,叫作"高田世界馆"(图5-9)。现在仍在营业,主要放映一些迷你影院风格的作品。

高田是旧时领主居住的城市，新潟大学的教育部还在此处。该学部有一个培养音乐和美术老师的学科叫作艺能科。这么看来高田还是有文化背景的。

与高田城旧址相邻的县立高田高中是雅子皇后父亲的母校。雅子皇后的父亲在这个高中上学时，她的祖父是该校的校长。因为有这样的文化土壤，因此在这里小而精的电影也广受喜爱。

另外，世界馆也曾经作为漫画或电影的舞台出现在作品中，有不少慕名而来的游客。因此，世界馆也会每天举办一些活动，为到访的人介绍电影院的由来，请客人参观放映室等，这些活动也很受欢迎。

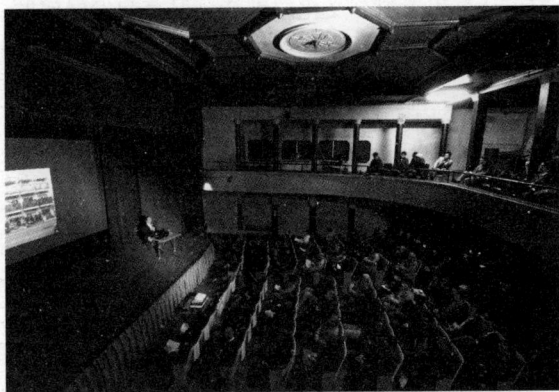

图 5-9　高田世界馆

除此之外，高田还有另一个具有百年历史的场所。前面提到过高田曾有陆军驻守，当时师团长的家还保留着。2021 年春天，这个旧建筑被重新装修成了一家法国餐厅。在高田的商店街也有不少创业一百年以上的老店铺。

新潟大学教育学部的前身是高田师范学校，据说当时使用过的施坦威钢琴还保留在那里，最近要修理后重新使用。这架钢琴应该也是百年老物了。

东京通过建造最新的办公大楼，在不断地向着未来城市发展。其代价就是历史气息越来越淡薄，古老的建筑越来越少。我认为地方城市不应该一味地建造高楼大厦，而应该有效利用东京所没有的"古物"进行城市建设。

特别是传统料理店，除了日式料理外，还能够成为继承茶道、书法、陶艺、建筑、和服、艺者、舞蹈等日本综合文化的重要舞台。

国家也应该认真思考料亭文化的维持、保存和发展问题。当然，新冠病毒疫情不结束，就无法举办宴会。即便如此，现在也应该积极地探索度假办公等其他传统料理店的新用途。

在很多地方，人们巧妙地利用当地特有的历史和文化进行着各种各样的城市建设。但是并不是所有人都赞成这种做法，甚至有很多人认为建造新的高楼大厦才是正确的选择。

大约五年前，我在一个地方城市进行有关城镇建设演讲时阐述了旧物利用的重要性。当时会场的气氛十分尴尬，似乎来参加演讲会的人大部分都是重新开发派。如果是这样的话，实在不必邀请我来做演讲。或许是当时的事务局并没有理解我的主张，或者是事务局希望加深民众对除了重新开发之外的城市建设方式的理解。当然，无论是在福井还是高田，都有一些根深蒂固的偏见，认为旧物利用的建设是没有未来的。

但是，如果坚持按照他们的方式做下去，年轻人特别是优秀的人和有创造力的人会源源不断地离开地方。最终结果就是只有继续继承这种做法的公务员才能够留下来。这难道就是所谓的有未来吗？

建设便于工作的地方

前面我们用数据展示了东京都心未婚女性的数量。这些数据也是在探讨如何防止东京郊区衰退的过程中制做出来的。

防止东京郊区衰退的对策与预防地方衰退的对策在本质上是相同的。

我在近 5 年内，一直在提倡便于工作、夜间娱乐和共享对于增加郊区年轻人群数量是非常必要的。这些原则也同样适应于地方的建设。关于东京郊区的情况，我写了《首都圈大预测》，在此我仅对地方的情况进行一些阐述。

首先是"便于工作"这一点。这里所说的"便于工作"与在新建的办公大楼中舒适地办公是完全不同的。

在郊区或地方长大的年轻人群流入东京 23 区内，并在那里结婚生子定居下来。这是为什么呢？通勤时间短不会过于消耗体力是一方面，另一方面是由于都心多样性的生活方式和价值观，以及较高的宽容度。在这种环境下，人们必然会富有创造性，能够产生越来越多的新想法和新的经营模式，并由此创造出更多的利益。这是一种正向循环。这样的整体模式才是"便于工作"的。

当然，富有多样性和宽容度高对于女性或育儿期的男女来说都意味着便于工作。

把城市里的工作带到地方去

在东京郊外的千叶县流山市，近年来以年轻人群为主的流入人口激增。2000 年时当地人口为 15 万，而到 2021 年人口增加到 20 万。

虽然有各种各样的原因，但其中重要的一点就是距离都心的时间距离较短。另外，当地还有另一特色，就是对女性就业和创业提供支援。

我认识一位在那里创业的母亲，她在自己创业之余，还为其他想创业的母亲开办创业研讨会，并在车站附近租了公寓，成立了与化妆品相关的网络信息公司。市区的妈妈们做着编辑、设计等原本在银座或涩谷才能做的工作。

这一点非常重要。郊区的女性要想在家附近工作，就只能做超市收银员之类的工作。但是，随着高学历化的发展，有资深工作经验的女性在生了孩子之后就只能做超市收银员，这样的地区是丝毫没有魅力的。因此，女性能够在郊区从事现代化的先进工作是非常重要的。

地方也是如此，从东京圈移居到地方最重要的瓶颈就是工作。移居到地方后收入就会下降，那么工作内容是否有趣就变得非常关键。

如果生活成本的降低能够填补收入的降低，那么工作内容是否有价值就变成了决定性的条件。因此，在东京，一些大企业由于多种限制而无法实现的工作，如果能够在地方从事，那就有一定的可行性了。

然而，郊区和地方至今为止都没有做出这方面的努力，所以只能面对着年轻人群不断地流出而束手无策了。

把接力棒交给团块青年吧

郊区和地方的年轻人在高中毕业后不断流入东京 23 区，不再回到家乡。即使回家乡也是在退休之后。结果 50 多岁的人在地方或郊区还算是年轻人，60 多岁开始才能够表达一些自己的意见，而 80 多岁的人则可以倚老卖老畅所欲言。

即使不是郊区，在我所住的杉并区也有类似的情况。两三年前我曾经参加过区政府组织的城市建设市民会议。当时有一位来自商店街的老人叹息道："我们商店街的理事长思想守旧，所有新工作都无法开展"，而这位发出感慨的人怎么看也有 75 岁了。

这种令人啼笑皆非的事情就是现实。我认为，为了日本的将来，无论是在公司还是商店街或是政治方面，75 岁以上的人都应该尽量保持沉默。虽然 75 岁以上的人有时也会有一些好的建议，但是 75 岁以下的人也应该能想到这些建议。为了让年轻人勇于表达自己的想法，75 岁以上的人绝对应该"闭嘴"。不，超过 60 岁的人都最好保持沉默。因此，我最近也开始尽量保持沉默。因为看到年轻人能够畅所欲言，着实令人高兴。老年人只要在他们需要帮助时给一点建议就足够了。

团块青年都已经 50 多岁了，也应该把接力棒交给年轻人了，否则日本恐怕真的就危险了。不知道是幸运还是不幸，由于新冠病毒疫情，远程工作迅速流行起来，都心的人口逐渐流出，郊区的人口开始增加。移居到一部分地方城市的人也开始增多。这对于地方和郊区来说都是一个很好的机会。为了不错过这个好机会，地方必须摆脱常识的束缚，建设具有创造性的便于工作的新地方。

以女性为主导的地方建设

当地方和郊区变得便于工作，女性也能和男性一样工作时，夜间娱乐必然会成为人们的需求。

　　我故意使用了"夜间娱乐"这个容易被误解的词语，是因为这个词具有女性在夜间娱乐男性的意思。但是我想说的是，在今后的时代更加需要夜间娱乐的其实是女性。

　　例如，在都心或郊区工作的女性工作结束后先去保育园接孩子，然后在回家的路上购物。以前的女性一定会直接回家，但现代的妈妈们却不会如此，她们大概会在咖啡店休息一下，或是喝一杯啤酒或葡萄酒来调整心情。然后再回家做饭，和孩子一起吃晚饭。丈夫在八点左右回到家，如果是以前的女性，还需要为丈夫准备晚饭。但是现代的女性可不一样了，她们会把孩子交给丈夫，自己再出去喝几杯酒，吃点烤鸡肉串儿。

　　如果在十年前，我这么写的话可能会被骂。但实际上，现在这样的女性即使在郊区也越来越多。大约四年前，我在多摩新城工作结束后，与朋友一起去吃夜宵，遇到了三位四十岁左右的女性顾客。问了才知道她们都是妈妈友。我在所泽的酒吧也有过同样的经历。女性在照顾孩子的空隙和朋友出去喝一杯，这种现象越来越普遍了。如果放在以前的话，她们一定会受到批判，但是现在却不同了。

　　现在的夜间娱乐早已不再是男性的特权。如果没有针对女性的夜间娱乐，恐怕郊区和地方都很难发展。由于新冠病毒疫情，餐饮店的经营环境变得十分严峻，大型居酒屋连锁店薄利多销的经营模式也很难维持。因此，人们对能够安静地吃饭的小规模餐饮店铺的需求会越来越多。这对于郊区的商店街或者住宅区的小店来说是一个很好的机会。

由于地方是汽车社会，这样的生活或许不太容易实现，但旧城区还是有一定的机会的。为了让旧城镇重新焕发活力，可以把旧商店街的空店铺重新装修，让越来越多的女性和他们的家人能够在这里工作生活，这样旧城镇中的餐饮店铺也能够重新焕发生机。

* * *

在日本整体下流化的过程中，地方也应该寻求中央政策以外的适合地方自己的政策。用当地的资金有效地利用当地的物产和人才振兴地方。在新冠病毒疫情的骚动中，国家政府慌乱不安，而很多地方的县市却在积极地应对，地区的领导也非常可靠，这一点相信很多人都有所耳闻。让一个巨大的国家做到全国统一行动是很难的，但是如果以地区为单位，采取适合当地的措施，应该会更加有效。因此，我认为应该重新探讨地方的分权化，这样才能防止日本的下流化继续发展。

后　记

看到这次东京奥运会筹备期间发生的各种争执和纠纷，我相信很多人都感受到了日本的衰退。我曾经认为举办奥运会对于日本人来说是易如反掌的事，在电通的宣传报纸采访中，我也是这么说的。但是事与愿违：日本国立竞技场、会徽、受贿、森氏失言引发的歧视问题等一系列的连锁反应接连发生，让人觉得日本已经失去了曾经的国力，甚至已经算不上是发达国家了。

看到政府对待新冠病毒疫情的态度和采取的一系列措施，都会让人对国家失去了信心。看到指挥官员的软弱、优柔寡断，对意外事件的预测不足、应对迟缓，对国民性命的轻视……种种事件都令人失望。福岛核电站事故依然没有得到处理，电力公司和政府对事故发生缺乏预测和合理的应对。虽然现在预测到会有大地震发生，但政府是否真的对这一预测做出了应有的准备呢？我深感不安。到底能否相信政府一直高喊着的"安心/安全"的口号呢？

无论是对新冠病毒疫情的处理还是对于是否举办奥运会的抉择，日本政府的做法都实在令人失望。日本政府只会听从国际奥委会的摆布，拿奥运会这种欧洲贵族的游戏与国民的生命做交换。这个国家太软弱了，在过去的三十年间越来越软弱了。

高速成长之后必将会迎来成熟的时代，这种说法在日本已经流传了三十年之久。

但是无论怎么看，日本的成熟时代都没有到来，而是直接走向了衰退，这难道不是近年来日本的现状吗？今后日本将会进入超老龄化社会，经济大国的实力也一定会衰落。但即使这样，今后也应该努力提高国民生活的质量。我认为这才是成熟社会的标志。然而，从现状来看，高质量的生活和文化还远远没有普及。

曾经占领了日本的麦克阿瑟说过，日本人的心理年龄只有十二岁。这个比喻大有深意。十二岁正是从孩子向大人转变的时期，是心理状态极不稳定的年龄，麦克阿瑟用这个年龄来比喻日本从法西斯国家向民主国家转变的进程。

如果日本在1945年是12岁，那么2021年就是88岁。这几乎与日本女性的平均寿命相同。88岁这个年龄在日本被称为"米寿"，是十分值得庆贺的年龄。

另外，如果在1945年日本是12岁的话，那么在1950年就是17岁，当时日本的经济开始复苏。1958年时是25岁，这一年东京塔建成。1960年时是27岁，政府发布了收入倍增计划。1964年31岁时，日本举办了首次东京奥运会。1968年35岁时，日本成长为世界第二经济大国。1970年时37岁，日本举办了大阪世博会。1973年经历了石油危机，到1979年46岁时开始宣称"日本世界第一"。这样看来日本战后的经济增长就如同一个12岁的少年蜕变成了一个能干的成年人。

1989 年时，日本 56 岁了。一个在公司工作的员工 56 岁时应该能够进入公司的管理层了。这也是泡沫经济达到顶峰的时期，之后泡沫逐渐走向破灭，到 1998 年 65 岁时，日本最具代表性的几家金融机构接连破产，日本也遭遇了经济危机。

日本这个国家已经满目疮痍，经济实力骤然衰退，于是用上了"结构改革"这种新型"特效药"，总算缓解了病情。

然而，在日本 78 岁时又发生了东日本大地震，之后全国各地灾害频发，本应成为人生最后的美好回忆的 2020 年东京奥运会又不得不延期，各种问题接连发生，政治成了一部分政治家的私人物品，日本也被同一批人支配了许多年（不知新首相是否会做出一些改变）。

2021 年，日本 88 岁了，已经到了生命随时有可能会消亡的时期。与辉煌的前半生相比，它的后半生是接连不断的苦难。

88 岁，与上皇的年龄相同。上皇、上皇后在日本高速成长的时代成为天皇、皇后，随着年龄的增长，也达到了人生的成熟时期。然而日本这个国家到底成熟了吗？到底有没有构建起高质量的社会和文化呢？到底有没有发展成一个"美丽的国家"呢？到底有没有成为一个能够向世界诉说理想的国家呢？

或许日本是从某个时刻开始停止了成长和成熟，开始退化、"幼儿化"。假设日本是从 1945 年至 2021 年这 76 年间的正中间也就是第 38 年开始退化，那就是 1983 年。当时的社会被称为高度消费社会，也不像泡沫时代有那么多的问题，可以说是战后日本的鼎盛时期。那个时候日本人的精神年龄是 50 岁。如果是从那个时候开始倒退的话，那么经过了 38 年现在又倒退回了 12 岁。

皇居周围林立着数十栋超高层大楼，在我看来这些只不过是 6 岁儿童的玩具，是挥霍了大量金钱的游戏，和奥运会一模一样。而我头脑中看到的景象只不过是一片燃烧着的荒野。

政治学家中岛岳志如此评价东京奥运会："看了奥运会的开幕式，我感到日本能够引以为傲的只不过是我小时候玩的电视游戏之类的东西。"我十分赞同他的说法。

虽然日本的游戏、动漫和漫画等已经成为世界性的商品，但是只有这些就够了吗？至少在奥运会开幕式这种场合，不应该只使用游戏动漫和漫画这类素材，其中包含的理想、理想的人类、理想的社会、理想的世界，不才是应该重点表达的吗？

如果《超级玛丽》或其他游戏漫画中包含了理想的世界，就应该重点去表达和描述那样的世界。像里约奥运会的闭幕式那样仅仅是总统从烟囱里出来那样的表现方式，是完全没有意义的。

这种理想的缺失并不是由于负责人中途辞职导致的。那个负责人的方案可能会更加糟糕。

日本人无法表达更深刻的理想，难道不是因为现在的日本人特别是位居国家高层的领导人忘记了自己的理想，失去了自己的思考而导致的吗？

我并不是想说什么更加道德的话。我也没有那样的资格。我只是单纯地想向世界提出一些疑问：我们难道不能有更好的生存方式吗？难道不能变成更好的社会吗？为了这些目标难道不能再制定一些更好的政策吗？当今的日本社会，特别是政治和媒体是否太欠缺这种发现问题、提出问题的能力了呢？他们一味功利地思考着商品是否卖得出去，是否能多挣钱这样的事情。有如此想法的国家政府又怎会拒绝举办本来能够挣钱的奥运会呢？

现代日本欠缺的另外一点就是"教养"。所谓的教养是通过知识和经验的累积慢慢培养的。而现在的日本并没有这样悠闲的环境。虽然近年来有关"资本主义结束了""民主主义无法促进经济增长""已经跟不上世界的脚步"的讨论越来越激烈。但是这些只不过是出于想要快速获得利益的考虑，也就是俗称的成果主义。是类似于会议不能超过45分钟、资料不能多于一张A4纸这样的效率主义。

现实社会是无限多样且复杂的，想要迅速获得成果的人通常并不能如愿，就算能够短时间内收获成果，得到的结果也未必是正确的。我认为了取得成果而不断努力的过程才是值得回味的，而能够做到这一点本身也是一种教养。

说着"为何不能杀人""残疾人活着没有意义"而去杀人的人和说着"LGBT没有生产性"的政治家们欠缺的正是教养。

虽然我也不知道人生到底有没有意义，但是就算不知道也没关系，说不定有一天就会大彻大悟。这种想法未必能被人所接受，但是能够享受这种不确定性也是一种教养。而无法忍受这种不确定性的人，大概已经受到成果主义现代价值观的毒害。

柏拉图曾说过儿童中没有圣人。虽然有很聪明的孩子，但是没有圣人。因为孩子没有思想和教养。现在的日本似乎正是一些头脑聪明却没有思想和教养、没有独立思想和观点的人创造出来的。而没有独立的思想和观点，就只能屈从于金钱至上的理论。

三菱综合研究所每年都会进行以三万人为对象的调查，本次调查是以在他们的调查中增加提问的方式进行的。调查费用约为 200 万日元，由于一些企业和研究人员参与了调查，因此本公司实际负担的费用大约为 45 万日元。仅仅 45 万日元的经费就能进行如此规模的调查，如果一些报纸、电视台和通讯社等联合起来，应该能够进行更大规模的调查和更专业的分析。但是，为什么没有人这么做呢？在当今的政治报道中，我们只能看到一些类似内阁支持率之类的简单调查和毫无意义的记者会。这实在是无法回应国民的关心。我想从这些报道机关的"贫乏"中也可以一窥日本政治的"贫乏"。

2021 年 9 月 15 日

写于自民党总裁选举前